El Arpa de Dios 24

El Arpa de Dios 24

DAVID DORSALEZ

Número de Control de la Biblioteca del Congreso de EE. UU.:   2015900153
ISBN: Tapa Dura   978-1-4633-9809-5
    Tapa Blanda   978-1-4633-9808-8
    Libro Electrónico   978-1-4633-9807-1

Información de la imprenta disponible en la última página.

Fecha de revisión: 11/02/2015

Para realizar pedidos de este libro, contacte con:
Palibrio
1663 Liberty Drive
Suite 200
Bloomington, IN 47403
Gratis desde EE. UU. al 877.407.5847
Gratis desde México al 01.800.288.2243
Gratis desde España al 900.866.949
Desde otro país al +1.812.671.9757
Fax: 01.812.355.1576
ventas@palibrio.com
703385

Índice

Introducción

Yo, David, estaba en el mundo sin saber del sacrificio que Dios dio para nuestra salvación y el perdón de nuestros pecados. En Brawley C.A. con las oraciones de un grupo Cristiano yo recibí a mi Señor Jesús como mi único Salvador pidiéndole por el perdón de Dios, yo acepté ser cristiano desde principios del año 2005. Tan solo unos días después que yo acepté a nuestro Señor como mi único Salvador esto fue así; Yo caminaba del lado Norte-Oeste de Brawley el cual es llamado Westmorland C.A. Yo estaba solo mirando hacia el cielo y hablando con nuestro señor Jesucristo en fe, esa misma noche tuve una experiencia espiritual, el Espíritu Santo llegó sobre mí, yo me encontré repentinamente regocijando de su Gloria mirando al cielo yo sentí su voz que salía de mi pecho (sin sonido) las palabras salían conforme los latidos de mi Corazón, y sin ningún sonido sentí la voz de Dios que salía de mi pecho diciendo, **"Regresa, regresa, regresa, regresa"** estas palabras salían repetidamente con los latidos de mi corazón en mi pecho, no era sonido, sentía las palabras, las palabras salían de mi pecho, yo trate de hablar pero no termine mis palabras cuando me derribo al suelo la falta total de fuerza por lo que sentía, mientras yo estaba en el suelo de rodillas sin poder levantar la cabeza escuche repetidamente la voz de Dios diciendo la misma palabra cuatro veces, **"Regresa, regresa, regresa, regresa."** me di por vencido y con el gozo que sentía yo no soportaba, y respondí que regresaría, cuando respondí esas palabras en ese mismo momento ese sentimiento de gozo suavemente se desvanecía de mí. Tengo que aceptar que no entendí lo que mi Señor Jesucristo me dijo aunque la palabra repetida fue clara, pero debo decir que desde ese momento mi vida drásticamente cambio, no era yo un lector bíblico, leer o escribir no eran en ese entonces mi habilidad, pero me volví uno conforme crecía en cristo Jesús y en su palabra, el mundo ya no fue el mismo para mí, años pasaron y no entendía el completo significado de sus palabras de esa experiencia que no se repitió, caminando en la palabra mi vida se convertía un problema tras problema, y peor más y más, pero el dolor y las pruebas me hicieron más fuerte cada vez más, al punto que vencí con la sangre del cordero, porque así será, yo lo declaro.

En noviembre del 2008, yo me moví de Richmond V.A. a Raleigh N.C. Después de varios días conocí una familia cristiana, ellos fueron y son una importante parte en mi vida, aunque no pude decirles cuanto importante fueron para mí, sé que un día no muy lejano lo sabrán. Cuando estuve con ellos en la iglesia "La Fe" así me bautizaron en el nombre de Jesucristo, eso fue un día antes de partir para Atlanta G.A. Al final me fui sin la oportunidad de decir adiós, fue un golpe duro a mi corazón.

Conforme los años fueron pasando encontré en las Santas Escrituras el propósito de mi vida, la razón por la cual nací, Dios me moldeo desde mi renacimiento en bautismo y lo que soy no cambiara nunca, pues hoy y por siempre en Jesucristo yo creo en un día glorioso, preguntando a Dios por su perdón vivo día a día, donde quiera que voy llevo conmigo su palabra, y con el único propósito de guiarlos a la verdad, pero el mensaje no es acerca de mi vida del todo, deje mis sueños para seguir a Dios, por esto y más del mensaje muchas puertas me fueron cerradas, ahora, como el tiempo se acerca ya todo está casi listo.

Así como el apóstol Pedro dijo y escrito esta, "***Plata u oro no tengo, pero lo que tengo te daré***."

Capítulo 01

El librito pequeño

No dejen que el engaño los envuelva, cualquiera que hable de profecía y de Dios deberá conocer a nuestro Señor Jesucristo como su único salvador, aquel que profetice deberá entender las fiestas judías que Dios nos dejó para recordarnos toda señal Santa del cielo y de su propósito en creación, estas señales vienen de Dios y son sus mandamientos que nos dio a seguir para no romperlos y vivir en él. Aquel que pastoree a el pueblo de Dios deberá de entender lo que está enseñando a la ciudad santa y a quien le sirve, porque si no tienen claro a quien le sirven y no saben ni acerca de quien ellos están enseñando entonces deberán de hacerlo por fe y amor a sus hermanos y hermanas en cristo Jesús y eso será suficiente. El amor a nuestros enemigos viene de Dios, simplemente porque él lo manda así.

Fuera de las Santas Escrituras el testimonio es válido solo si no se encuentra mentira en sus labios acerca de lo que están enseñando y a quien le sirven, el testimonio no tiene que ver con la autoridad de este mundo, un hombre o mujer que rompe los reglamentos del hombre se le conoce como delincuente o criminal pero sin un justo juzgado no tiene valor y envuelve toda ley humana, pero un hombre o mujer que rompe los reglamentos de Dios se le conoce como rebelde, así como el sexto mandamiento es, "No mataras" y esto es un gran error y su juzgado será justo.

Es más, nosotros creemos por fe y somos salvos con la sangre del cordero. Darle a esa nación lo que le pertenece y darle a Dios lo que es de Dios, al final de los días tu entenderás que es lo que trato de decirte, pero por ahora solo es una prueba, para que tengas la opción de amar este mundo o partir de este mundo en victoria atreves de la sangre de nuestro Señor Jesucristo.

Marcos 12:[17] *Después Jesús les dijo a ellos,* ***"Darle a Cesar lo que es de Cesar y darle a Dios lo que es de Dios"***

La sangre del cordero nos limpia de todo pecado, eso es llamado "bautismo" pero en el nombre de Jesucristo, sin el nombre del cordero no concuerda el sacrificio de Dios. Eso nos aparta de la ley de este mundo así como de Cesar y pertenecemos a Dios en Jesucristo, el arrepentimiento es primero.

Ahora solo remarcare el sexto mandamiento antes de que el espíritu los llene:

El sexto mandamiento es acerca de no comer carne, significa no comer polvo y en definitiva es, "no mataras" el castigo del matar es morir con la misma espada que mata, pero el perdón de Dios no es simple porque este pecado es serio. De Dios el perdón es basado de justicia por su propia autoridad para olvidar este pecado en el ser es basado por las intenciones del corazón, solo Dios puede juzgar al ser humano y perdonarlo, también dar esa autoridad a sus hijos e hijas. En el antiguo testamento de las Sagradas Escrituras Moisés fue encontrado digno para sacar al pueblo de Israel fuera de Egipto por el mandamiento de Dios, aún Moisés fue perdonado de sus pecados, la responsabilidad fue grande en verdad pero Dios lo hizo hacerlo. En esto la gracia de Dios llama a toda nación para cumplir su palabra en nosotros y así nada nos separa de él, porque está escrito;

Isaías 1: [15] *Cuando levantan sus manos, yo aparto de ustedes mis ojos; aunque multipliquen sus oraciones, no las escucharé,* ***pues tienen las manos llenas de sangre.***

Isaías 1:[16] ***¡Lávense, límpiense!*** *¡Aparten de mi vista sus obras malvadas! ¡Dejen de hacer el mal!*

Hasta Moisés Dios lo perdono como todo pecado lavado le fue borrado, ese fue el plan de Dios pues explica que desde su nacimiento, Dios ya lo tenía en cuenta. Para aquellos que quitan la vida a los demás, nunca repitas este pecado más, con el apropiado arrepentimiento bautícense porque el castigo es grande sobre aquellos que reúsan escuchar, deben de prepararse, tal vez encuentren fina gracia en el Señor y así puedan ser salvos del furor que es la ira de Dios sobre la tierra y sobre el ser humano porque la sangre de inocentes grita justicia desde el polvo. La protección sobre las personas amadas y las opciones que carezca el pecado será en juzgado justo a los ojos de Dios, es válido el proteger el templo de Dios que son sus hijos e hijas pero nunca será perdonado el destruir el templo de Dios que son sus hijos e hijas de Dios.

Ahora antes de que yo pueda comenzar a ensenarte con la gracia de el plan del Señor que esta sobre mí y que como un instrumento suena hermosamente yo deberé explicar este nuevo cantico a ti, sus palabras se escuchan atreves de las Santas Escrituras y suenan dulces en los labios al halar y glorificar su nombre, sus palabras deben de estar en las tuyas, y así tal vez puedas entender me claramente, pero yo estoy aquí para pararte de seguir caminando en el camino equivocado porque tú vas a ver un fin, deberás de escuchar para estar preparado, y deberás de escuchar y poner atención porque tienes que permanecer levantado para que no caigas jamás, el Señor te guiara y te preparara el camino para ti, así el mensaje sonara como una trompeta que todo oído oirá, así como todo ojo lo vera. Yo estoy contigo y el señor me escogió desde mi nacimiento para guiarte en su nombre, tu tal vez no entiendas ni estas palabras que te estoy diciendo, pero al final de este librito pequeño que ahora es tuyo tú entenderás él porque es llamado "El Pequeño Pergamino" y entonces, tu esperaras conmigo por nuestro Salvador y Dios. Yo no estoy aquí para juzgar a nadie, yo estoy aquí para evitar que cometas el más grande error de tu vida.

Éxodos 20: [20] *—No tengan miedo —les respondió Moisés—.* **Dios ha venido a ponerlos a prueba, para que sientan temor de él y no pequen.**

Ahora, hermanos y hermanas, nosotros tenemos que estar preparados porque la profecía llegara a tener fin. Todo en un solo día cambiará y los elementos se derretirán y la tierra tendrá un nuevo punto de vista pues sus puntos cardinales cambiaran drásticamente también, todo lo que hace la vida del ser humano así como sus posesiones y todo en sí, desaparecerá, llegara el día en que deberás de entender que todo en la tierra deberá de quedarse aquí para que llegue a ser creado nuevo atreves del fuego. No ames el mundo ni las cosas que le pertenecen, ama las luces sobre la tierra aquellas que brillan por siempre en el cielo pues tú serás como las estrellas del cielo, deberás tomar la decisión de estar con tu santa familia en resurrección eterna. El fin de este presente mundo se acerca y una nueva tierra será creada. Pero la palabra de Dios vive en cada uno de nosotros, porque la palabra de Dios vino del cielo, así como la lluvia riega la tierra y nosotros somos sus plantas de buena semilla, somos el jardín de Dios, "La Ciudad Santa". Cree en un día glorioso y cree en nuestro Dios y único salvador, Amen.

Capítulo 02

ESTOS SON LOS SEIS DÍAS DE LA CREACION DE LOS CIELOS Y LA TIERRA DESDE EL PRINCIPIO ASTA EL FIN DE LA ERA "Sentido Literal"

(Espíritu Santo)

Separación: PRIMER DÍA

Es verdad que el espíritu de Dios creo los cielos que tiene por nombre "Universo" también conocido como el Principio, también la tierra que representa nuestra creación o de donde Dios nos dio aliento de vida "polvo" también conocido como el Fin de la creación en sus seis días de trabajo de Dios para así descansar el séptimo día. Desde el primer día que en Génesis está escrito como el Principio de la creación **"Domingo" El principio comenzó con la luz de Dios ya que la obscuridad reinaba.**

Separación: SEGUNDO DÍA

En esto se divide los primeros cuatro días de la creación, así el sol dio luz sobre la tierra dividiendo así la tierra de la expansión celestial que Dios creo llamándola "Cielo" este acontecimiento se dio lugar **el segundo día** que en los siete días de la creación fue uno de los primeros cuatro en separación.

Separación: TERCER DÍA

Dios ordenó que las plantas crecieron en la tierra después de que Dios había separado la tierra de los mares con la luz **al tercer día.**

Separación: CUARTO DÍA

Tiempo, Dios puso en su lugar el sol la luna y las estrellas, así la luz separa el día de la noche, Dios creo el tiempo por medio de los cuerpos celestiales puesto que no es coincidencia sus posiciones astrales, y así como el primer día "Domingo" **ese fue el cuarto día.** Génesis revela en las Santas escrituras los primeros cuatro días que fueron separación en los seis días de la creación.

Creación: QUINTO DÍA

Seres marinos, después de que Dios creo los mares separándolos de la tierra Dios ordeno la vida en las aguas debajo de los cielos, y los seres marinos Dios les dio vida, Fue día de creación.

Seres terrestres, después de separar la tierra de los mares y ordenar la vegetación Dios creo todo ser viviente sobre la tierra y las criaturas vivientes que se mueven sobre el suelo y las aves que vuelan en los cielos. **Ese fue el quinto día.**

Creación: SEXTO DÍA

En el **sexto día,** a mandato de Dios, después de la vegetación que surgió el tercer día, después de los seres marinos que se mueven en las aguas y aun después de los seres vivientes sobre la tierra, el libro de Génesis revela al ser humano tomado del polvo, pues el espíritu de Dios iba y venía sobre la superficie de las aguas y sopló en su nariz hálito de vida, y el hombre se convirtió en un ser viviente antes de darle superioridad sobre todo ser viviente y toda planta de buen fruto a todo hombre creado por el (Adán, todo ser humano) creando para el su compañera por medio de la maternidad (Eva, La madre de todo ser viviente.) **Ese fue el sexto día.** Fue día de Creación.

Creación: El SÉPTIMO DÍA

De verdad esta era es considerada como el séptimo día de la creación. En cuanto a los cielos en cuatro días con sus separaciones en luz de la obscuridad de tierra y cielo, así como en el quinto y sexto día en la creación de todo ser viviente, pero siendo ya en eras, el séptimo día representa el descanso de Dios en la obra de sus manos, y la preparación del ser humano para habitar su casa eterna, esta era es la era y vida venidera, **sus últimos Días.**

LA CAIDA DEL SER HUMANO (Sentido Literal)

El pecado entro al mundo por medio del ser humano, ya que la tierra estaba llena de violencia por el ser que Dios había creado.

El dejar padre y madre conforme Dios nos da una compañera para así mismo ser una sola carne en un nuevo ser, una nueva familia, es bueno.

Cuando el poder del pecado llego a el mundo que es la muerte, el castigo del acusador fue comer polvo que es comer su propia carne o matar a su prójimo "Leviatán" la serpiente come hombres, también llamada la serpiente antigua.

El hombre (ser humano) trabajaría la tierra para comer y la mujer (la madre de todo ser viviente) le incrementarían sus dolores de parto pues esto envuelve tiempo y espacio ya que aconteció cuando Dios caminaba por su Jardín que fue cuando Dios se hizo hombre.

Capítulo 03

LA CREACION DEL SER HUMANO
"Sentido Espiritual"
(Los Hijos e hijas de Dios)

Ahora esta es la representación que nos da a conocer quien es Dios y Padre celestial, nosotros como hijos de Dios creemos por fe que el universo fue creado al mandato de Dios, y nosotros tenemos su palabra, esto es luz en cada uno de nosotros, y por esa fe nosotros tenemos que entender que el creo a todos nosotros en y por amor, hombre y mujer, fuimos creados no solo para ser salvos sino para salvar a el mundo atreves de Nosotros, en esta forma nosotros mostramos que somos dignos del amor de Dios y de la eterna paz en el.

Pero ahora, te mostrare el deseo que tú tienes en tu corazón y tu mente, esta es la verdadera representación por y en fe que concierne la salvación del mundo.

EL PRINCIPIO "DOMINGO"

El primer día de la semana es como el primer día de la creación, y es **"Domingo"** Este día es de gran importancia proféticamente, simbólicamente y espiritualmente, porque todos los libros bíblicos refieren al día como de suma importancia en la creación de Dios. Espiritualmente **Domingo** fue el tercer día cuando el templo del

Señor fue reconstruido el cual es el cuerpo del Señor en resurrección, reconstruido por el mismo, cuando fue levantado del sepulcro.

Jesucristo es el principio de la creación porque fue el primer día de la semana en que el resucito. Después los cuatro días de la creación (incluyendo el **domingo**) se representan en cuatro días teniendo al día domingo como el cuarto de estos. Y los seis días, que representa los seis días de trabajo en la creación de Dios también están basados en un solo día "Domingo".

El principio de la creación es **Domingo** pero no solo representa los cuatro y los seis días de la creación, el Principio comienza cuando el verbo se hace carne, pues el verbo en el principio era Dios.

Todo comenzó cuando el Espíritu Santo llego sobre María, una virgen, y el poder de El Altísimo la cubrió, y entonces el Santo niño estaba a nacer y ser llamado **"Jesús"** que proféticamente es llamado "Emmanuel" y significa "Dios está con nosotros" y si, desde ese entonces así es Jesús, fue destinado a ser llamado el hijo de Dios, esta es la razón por la cual somos los dos hijos e hijas, los dos, creados por él y para él, porque Jesús es la palabra y la palabra era Dios, la palabra (Dios) se hizo carne, este acontecimiento es llamado "el principio".

Los once apóstoles reconocieron su Dios y Señor cuando fue levantado de entre los muertos por su misma autoridad, porque cuando los judíos le preguntaron por una señal para probar su autoridad sobre el templo en Jerusalén, Jesucristo les respondió a ellos esto acerca de su cuerpo (Su Templo) como una señal de su autoridad;

Juan 2: [19] —*Destruyan este templo* —*respondió Jesús*—, **y lo levantaré de nuevo** *en tres días.*

Juan 2: [21] **Pero el templo al que se refería era su propio cuerpo.**

Cuando tú llegas a tener un claro entendimiento en las Santas Escrituras, tú claramente entiendes que Jesús es dos, Señor y Mesías y que él es el único que puede levantarnos al día final.

Esto es un poco complicado de entender, yo lo sé, pero solo ten en mente esto, y guarda sus palabras en tu Corazón, Jesucristo es el principio como el día domingo, el cual fue el día en que el Señor de señores venció la muerte, no por él, sino nuestra muerte. Así como el domingo es el primer día de la semana y de la creación, el sábado es el último día de la semana y de la creación, pero este día no ha llegado aún porque no se ha concluido la creación, y el día Sábado se acerca y es llamado "el día del juicio final".

Los cuatro días de separación en el principio: Luz

Los primeros cuatro días de la creación de Dios, se refieren a la separación de la luz y la obscuridad en cuatro representaciones;

PRIMER DÍA –Como la primera separación es de luz de la sombra.

SEGUNDO DÍA –La segunda separación es de las aguas debajo del cielo y las aguas sobre la tierra.

TERCER DÍA –La tercera separación es de la tierra con sus plantas y sus árboles separada de los mares.

CUARTO DÍA –La cuarta separación de las 12 horas del día y las 12 horas de la noche, se concluye el día de sol haciéndose noche con la luna y las estrellas los cuales son buenos porque son luz sobre la tierra así la obscuridad ya no reina en el mundo.

Génesis 1: [3] *Y dijo Dios: "Que exista la luz "Y la luz llegó a existir.* [4] *Dios consideró que la luz era buena y la separó de las tinieblas.* [5] *A la luz la llamó «día», y a las tinieblas, «noche». Y vino la noche, y llegó la mañana: ése fue* **el primer día.**

Génesis es profético en creación, las palabras de Dios atreves de los profetas son para cumplirse, siendo profecía la creación llega su cumplimiento en el principio ya que el principio fue cuando Jesucristo comenzó a predicarle a todo aquel que le seguía y así fue el principio, cuando Dios se hiso carne y su palabra nos dio vida;

Mateo 5:[1] *Cuando vio a las multitudes, subió a la ladera de una montaña y se sentó. Sus discípulos se le acercaron,* [2] *y tomando él la palabra,* **comenzó a enseñarles** *diciendo:*

Su rostro representa la luz de vida como el sol sobre la tierra, aprendimos a no ser perfectos en odio, aprendimos a ser perfectos en amor, esa luz que le da vida al mundo llego a el mundo que había creado pero no lo reconocieron, más él nos dio luz y ya en nosotros nos separa de la obscuridad, pues Dios dijo en el principio "« **¡Que exista la luz!»**" nosotros somos su luz.

Mateo 5: [14] **» Ustedes son la luz del mundo.** *Una ciudad en lo alto de una colina no puede esconderse.* [15] *Ni se enciende una lámpara para cubrirla con un cajón. Por el contrario, se pone en la repisa para que alumbre a todos los que están en la casa.* [16] **Hagan brillar su luz delante de todos,** *para que ellos puedan ver las buenas obras de ustedes y alaben al Padre que está en el cielo.*

EL QUINTO DÍA Y EL SEXTO DÍA: Aliento de vida.

Después de los cuatro días de la creación están a parte el quinto y el sexto día de la creación.

EL QUINTO DÍA. En la creación se refiere ya no en separación, pero si en creación de todo ser viviente y ser humano. El quinto día es creación de todo ser viviente en los mares—todo lo que tiene aliento de vida en ellos—**"Aliento de vida"** esto se refiere la comida espiritual que son las palabras de Dios.

EL SEXTO DÍA DE LA CREACIÓN. No tiene una secuencia lógica pero su verdadero significado es único y se refiere a la gran comisión que nuestro Señor Jesús les dio a sus once apóstoles antes de partir hacia los profetas y así preparar una casa que ya estaba hecha.

Mateo 28:[18] *Jesús se acercó entonces a ellos y les dijo:*

—*Se me ha dado toda autoridad en el cielo y en la tierra.* [19] **Por tanto, vayan y hagan discípulos de todas las *naciones, bautizándolos en el nombre del Padre y del Hijo y del Espíritu Santo,** [20] *enseñándoles a obedecer todo lo que les he mandado a ustedes. Y les aseguro que estaré con ustedes siempre, hasta el fin del mundo.*

Así se cumple lo que está escrito en los capítulos proféticos del libro de génesis;

Génesis 1:[26] **y dijo: «Hagamos al *ser humano a nuestra imagen y semejanza ...**

Para Dios Padre nosotros somos como su hijo único, porque él nos ama sin excepción, el dio su vida en carne como un ejemplo de amor verdadero, así como está perfectamente definido "Amor" en las Santas Escrituras y en el libro del apóstol Juan;

Juan 15:[13] **Nadie tiene amor más grande que el dar la vida por sus amigos.**

Su amor es la razón por la cual nosotros estamos aquí, Dios amo tanto a el mundo que nos mandó a el mundo para predicar lo que nos ha dado para dar, nos dio sus enseñanzas y mandamientos.

Juan 3: [16] *»Porque tanto amó Dios al mundo, que dio a su Hijo unigénito, para que todo el que cree en él no se pierda, sino que tenga vida eterna.* [17] *Dios no envió a su Hijo al mundo para condenar al mundo, **sino para salvarlo por medio de él.***

Así es como recibimos autoridad de Dios, con el único propósito de cuidar su Jardín, de cuidar sus ovejas, de sus peces, de sus hijos e hijas para guiarlos en el camino correcto que descubre el árbol de la vida para la salvación y eterna vida, Jesús es el árbol de la vida y sus doce discípulos son las doce cosechas de sus doce frutos, nosotros somos sus primeros frutos, refiere a eternidad pero aún no se ha concluido la creación.

Ya que cuando Jesús fue el árbol del conocimiento del bien y el mal, el maligno hiso que Adán y Eva comieran de ese fruto que fue como comer carne y significa matar;

Éxodo 20: [13] »**No mates.**

Claro está que es la razón del porque el ser humano (Adán) y Jerusalén (Eva) cayeron del cielo, por lo que Satanás (Caín) hizo, desde la sangre de Jesucristo que es de todo profeta de Dios que se le dio muerte en su nombre (Hijos e Hijas de Dios) y aunque por un hombre todo perecerá así mismo por un hombre todo será nuevo "Jesucristo" porque desde Adán asta Enoc así desde Abraham asta Jesucristo que fue la última cena, porque de Adán a Noé y desde Abraham asta Jesús en resurrección al tercer día Domingo..

Mateo 12:[30] *»El que no está de mi parte, está contra mí; y el que conmigo no recoge, esparce.* [31] *Por eso les digo que a todos se les podrá perdonar* **todo pecado y toda *blasfemia, pero la blasfemia contra el Espíritu no se le perdonará a nadie.**

Y así la sangre de Abel grita desde la tierra "Justicia", esta es la sangre del cordero que nos limpia de todo pecado, pero Caín no puede ver eso, está segado.

Pero este era el deseo de tu corazón y de tu mente, sé que buscas la verdad y la encontraras, cree y sea salvó, ten parte en la Ciudad Santa y parte en el árbol de la vida, escucha y no te reveles o de verdad te lo digo que estarás en serios problemas. Busca a Cristo y caminaras con él, Amen.

Hechos 2: [38] —**Arrepiéntase y bautícese cada uno de ustedes en el nombre de* **Jesucristo para perdón de sus pecados —les contestó Pedro—, y recibirán el don del Espíritu Santo.*

El sexto día de la creación es el día viernes, pero con el único significado como **domingo** que es el primer día y el clímax en principio de separación y creación. Pero el sexto día es el último día del trabajo de Dios. En creación nuestro Padre celestial es el creador del ser humano, creación a su imagen de amor, paz y compasión, esto es protección, hombre y mujer, los dos fuimos creados en amor y eso es perfección.

Génesis 1: [27] **Y Dios creó al ser humano a su imagen;** *lo creó a imagen de Dios. Hombre y mujer los creó.*

El séptimo día y el fin de la creación, Sábado de Gloria, Señor y Rey Jesucristo.

La creación concluye con la resurrección final, cuando Dios manda aliento de vida a sus testigos, y siervos haciendo al hombre del polvo, aún a los que respiran, y así acontecerá y será para vida y paz eterna, Amen.

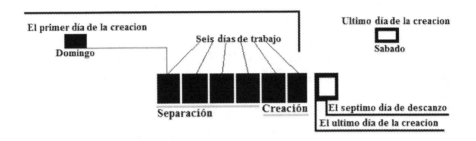

La creación fue terminada en la victoria de nuestro Señor Jesús, victoria sobre la carne, esta es la razón la cual está escrito en las Sagradas Escrituras como terminada la creación, aunque la creación estaba en proceso, el principio (Domingo) y el fin (Sábado) ya había sido dado a conocer atreves de los profetas, y los profetas escribieron a como Dios les mostro, así se da a entender el plan de Dios atreves de los profetas y aun atreves de el mismo cuando el Espíritu Santo se hizo carne, esto fue en orden de protegernos.

Hay seis días en la creación de Dios, Como los seis días del trabajo de Dios, pero el primer día de la creación (Domingo) también significa el día que el Señor venció sobre la muerte. Y esta es la señal del gran día del Señor, el ultimo día que el Señor termino su trabajó de su creación, la señal es **(Sábado de gloria)**

Génesis 2:[1] *Así quedaron terminados los cielos y la tierra, y todo lo que hay en ellos.* [2]***Al llegar el séptimo día, Dios descansó porque había terminado la obra que había emprendido.***

El Señor hizo el **Sábado** y lo Santifico para su pueblo atreves de los profetas en base a la creación que fue escrita como principio y fin, principio por su victoria el Domingo y nuestra victoria en el por el **Sábado de gloria** la cual él nos prometió en visiones y profecías en su segunda venida, nosotros representamos su hijo único y nos sentaremos a su derecha en el cielo el cual es su trono, porque está escrito;

Hechos 7: [54] *Al oír esto, rechinando los dientes montaron en cólera contra él.* [55] *Pero Esteban, lleno del Espíritu Santo, fijó la mirada en el cielo y **vio la gloria de Dios, y a Jesús de pie a la derecha de Dios.***

Y se repite en las Sagradas Escritura del nuevo testamento el cumplimiento de la visión y profecía del hijo frente a Dios Padre, el cual tendrá cumplimiento en su venida;

Hechos 7:[56] **— ¡Veo el cielo abierto —exclamó—, y al Hijo del hombre de pie a la derecha de Dios!**

Porque nuestros cuerpos son su templo y su trono está en nuestro corazón, así también nosotros somos la iglesia y Cristo hombre es la cabeza de este cuerpo, nosotros representamos a aquel que murió por nuestros pecados, ahora nosotros somos Cristo, él vive en nosotros y nosotros vivimos en él, en orden para estar con él, tenemos que vencer con su sangre sin dar sacrificio para nuestro perdón de pecados y faltas porque el dio a voluntad su vida por nosotros. El dar nuestra vida por nuestros amigos es mostrar que somos sus discípulos y dignos de ser escuchados. En su venida esta visión será completa cuando Cristo (nosotros) sus hijos e hijas, nos sentemos a la derecha del padre en el último día de la creación, pero esto ya había sido decretado por Dios mismo y para no olvidarlo, Dios lo dejo como mandato de recordar el sábado santificado en el:

Génesis 2:[3] **Dios bendijo el séptimo día, y lo santificó, porque en ese día descansó de toda su obra creadora.**

Porque Dios santifico el **día Sábado** por ser el día en que el descanso de su obra creadora, porque lo que debe de ser terminado fue escrito como ya terminado antes de que comenzara, así mismo lo que está a punto de terminar también fue escrito antes de su principio.

Antes del fin, todo estaba ya escrito, ahora el principio ya se fue y al paso del tiempo el principio está a punto de terminar.

LA CAIDA DEL SER HUMANO (Sentido Espiritual)

Ahora hermanos y hermanas, nosotros tenemos que estar preparados porque la profecía llegara a su fin. Pero la palabra de Dios vive en nosotros, pues la palabra de Dios llego a nosotros del cielo como lluvia que riega la tierra y así como la lluvia no regresa del suelo vacía, así ustedes, porque ya han recibido la palabra de Dios y han creído en el entonces ya han venido del cielo y no deberán regresar del suelo sin fruto, porque su palabra llego del cielo vive en ustedes, la palabra de Dios los llevara a donde ustedes ya pertenecen, La palabra los tomara de donde vino, al cielo pero después de la cosecha, crean en **un glorioso día**, y reciban el Espíritu Santo el cual es el entendimiento de su palabra;

Juan 20: [21] — *¡La paz sea con ustedes! —Repitió Jesús—. Como el Padre me envió a mí, así yo los envío a ustedes.* [22] *Acto seguido, sopló sobre ellos y les dijo:* **"Reciban el Espíritu Santo."**

Génesis 2: [7] *Y Dios el* SEÑOR *formó al hombre del polvo de la tierra,* **y sopló en su nariz hálito de vida, y el hombre se convirtió en un ser viviente.**

Y en este sentido nosotros entendemos que las Santas Escrituras fueron cumplidas así como está escrito en el libro de Génesis;

Génesis 2: [15] *Dios el Señor tomó al hombre y lo puso en el jardín del Edén* **para que lo cultivara y lo cuidara,**

No comer del fruto del árbol del conocimiento del bien y el mal está basado en no tomar la vida de alguien, eso sería como comer la carne de alguien, también sería como comer polvo pues el ser humano es polvo y al polvo vuelve después de muerto, la serpiente come polvo y es llamada leviatán, es uno de los sobrenombres bíblicos de Satanás.

De la misma forma esto se refiere al sexto mandamiento que está escrito en el libro de éxodos en la ley de moisés, nosotros somos el templo de Dios y quien lo destruya tendrá que ser destruido.

Éxodo 20: [13] »**No mates.**

En el medio del jardín el cual es la ciudad santa, estaba el árbol de la vida y el árbol del conocimiento del bien y el mal.

Génesis 2: [15] *Dios el Señor tomó al hombre y lo puso en el jardín del Edén para que lo cultivara y lo cuidara,* [16] *y le dio este mandato:* **«Puedes comer de todos los árboles del jardín,** [17] **pero del árbol del conocimiento del bien y del mal no deberás comer. El día que de él comas, ciertamente morirás.»**

Proféticamente en el libro de génesis "Espiritualmente" el pecado tomo cumplimiento en el principio, pero Dios lo dio a conocer por medio de los profetas antes su principió, aún antes del su fin.

Mateo 12:[30] *»El que no está de mi parte, está contra mí; y el que conmigo no recoge, esparce.* [31] **Por eso les digo que a todos se les podrá perdonar todo pecado y toda *blasfemia, pero la blasfemia contra el Espíritu no se le perdonará a nadie.**

El árbol del conocimiento del bien y el mal fue el cordero que vive en nosotros y sus doce discípulos son sus doce frutos, esto fue en el principio de la creación llamado "Domingo", el Jardín es la ciudad santa y en medio de la ciudad está el templo el cual es el Cordero.

Apocalipsis 21:[22] *No vi ningún templo en la ciudad, porque* **el Señor Dios Todopoderoso y el Cordero son su templo.**

Cordero por parte de la ultima cena y también Dios todo poderoso pero en su resurrección, no deberá haber más complejos en el debido contexto, pues él es quien estaba muerto pero miren, él vive por los siglos de los siglos amen.

Cuando tú tienes un claro entendimiento de las Santas Escrituras, tú llegas a entender que el Cordero es Dios Todopoderoso. Por cierto la creación fue puesta y escrita por medio de profetas de quien es él el autor de la vida, Jesucristo, no hay división entre el Espíritu Santo en la fundación del mundo, y así, el hijo de Dios en el principio de la creación es el Señor de señores, y al final de la creación cuando regrese por nosotros, en base a la corona que es su gloria y vida eterna veremos a el Rey de reyes, para ese entonces las coronas serán nuestra eternidad con él. El reinar con el sobre la tierra significa, vivir por siempre en la tierra con él, '**Sábado**' será el final de la creación y el principio de la Eternidad en Dios Todopoderoso.

Apocalipsis 19:[16] *En su manto y sobre el muslo lleva escrito este nombre:* REY DE REYES Y SEÑOR DE SEÑORES.

En conclusión sobre este capítulo, Domingo es el principio de la creación y **sábado será de Gloria**, este día en génesis es el santificado por Dios, el fin de la creación, día en creación.

Capítulo 04

El TEMPLO DEL SEÑOR, Y SU TRONO (EL CIELO)

Nosotros sabemos por fe que el **día Domingo** es de creación el día del principio, también Domingo en profecía describe el último día de la era como un nuevo principió eterno y es el día santificado por Dios, "Sábado".

Ahora nosotros vamos a enfocarnos en el **domingo** profético, espiritual y hasta en simbólico significado, es llamado como el principio de la creación, *¿porque?* porque en este día en particular se muestra la victoria de nuestro Señor Jesucristo.

Pero la victoria de nuestro Señor Jesucristo en el día **Domingo** tiene dos importantes representaciones, son dos señales…

EL TERCER DÍA "LA GRAN MURALLA"

Después del primer día de toda la creación "Domingo" que revela el ultimo día de toda la creación "Sábado" le siguen los tres días en que la vegetación fue el mandato de Dios después de la separación de los mares y la tierra, esto fue bueno, pues toda vegetación tenía buena semilla y eso aconteció el tercer día.

La primera señal fue el tercer día de la creación y muestra el significado del templo de nuestro Señor Jesucristo el cual es el cuerpo de Jesucristo, esta fue la respuesta que Jesucristo le dio a la gente que vivía en el área del templo en Jerusalén cuando le pidieron a Jesús una señal para mostrarles su autoridad sobre el templo de Dios;

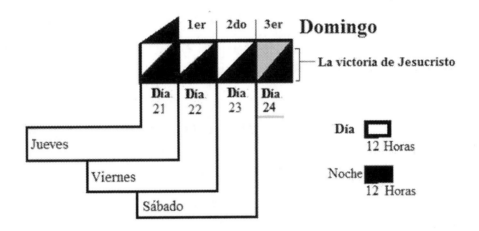

Las palabras "y lo levantaré de nuevo" son remarcables, pero por ahora nosotros debemos enfocarnos en el día Domingo el cual fue el tercer día en que el templo de Dios fue levantado de nuevo, y sí, le tomo a nuestro Señor un tercer día levantarlo el cual es por fe el primer día de la creación "Domingo".

Juan 2: [21] **Pero el templo al que se refería era su propio cuerpo.**

EL LIBRO DE HAGEO
LA PRIMERA Y LA SEGUNDA GLORIA DEL TEMPLO

El templo de Jerusalén representaba la gloria y el esplendor de Jesucristo cuando Dios vino al mundo. Cuando Jesucristo fue crucificado en el madero la gloria de Dios partió del templo, pues el templo de Jerusalén representaba el cuerpo de Jesucristo el cual lo habían destruido, esa fue la gloria primera del templo.

Cuando Jesucristo resucito al tercer día el templo de Dios fue reconstruido, así mismo el cuerpo de Jesús se vistió de inmortalidad, esta es la segunda casa, y su esplendor es mayor que el de la primera casa. Jesucristo siempre se refirió a su cuerpo como la segunda casa cuando dice en;

Juan 2:[19] *"destruye este Templo y lo levantare en tres días"*

También lo profetizo en presencia del profeta cuando dice en presencia del profeta Hageo:

Hageo 2: [9] **El esplendor de esta segunda casa será mayor que el de la primera** *—dice el Señor Todopoderoso—. Y en este lugar concederé la paz", afirma el Señor Todopoderoso.»*

LOS CUATRO DIAS DE SEPARACION EN LA CREACION, EL DÍA **21, 22, 23 y 24**. TAMBIEN REPRESENTAN LOS CUATRO MESES EN LOS QUE SE RECOGE LA COCECHA DE LA TIERRA PERO SIN SELLO SON CUATRO DIAS.

Los cuatro días en el libro de Hageo.

Los tres días son parte de los cuatro días de luz que separo al día de la noche. La segunda señal está basada en la secuencia de solo cuatro números; 21, 22, 23 y **24**. Esta secuencia de cuatro números representan los primeros cuatro días de la creación pero la diferencia es que el primer día de la creación fue el Domingo, así mismo el cuarto día en esta secuencia de cuatro números es el **día 24**, también el **Domingo** es el cuarto día de separación.

No es una secuencia literal aun en los seis días en creación, porque aun de los seis días cuando Dios creo los cielos y la tierra el clímax de toda su obra creadora siempre será el **domingo**. Esto era un misterio profundo pero como el fin se acerca, el principio se debe de entregarse a la ciudad santa y así debe ser revelado todo.

Es importante tener en mente la profética palabra que fue escrita en el libro del profeta Hageo, simbólicamente apunta el **día 24** para tomar en gran consideración, porque el **día 24** en secuencia de cuatro números, se refiere en los cuatro primeros días de separación de los cielos y la tierra por medio de la luz. Es también el día 24 desde que Dios nos comenzó a bendecir, por medio de su sangre y su victoria.

Así mismo en el segundo año del reinado del rey Darío que fue a sus **63** años de edad, se comenzó el mandato de la reconstrucción de la casa del Señor en **el día 21**, el cual representa en profecía el primero de los cuatro días de la creación.

Hageo 2:[1] *El **día veintiuno** del mes séptimo, vino palabra del Señor por medio del profeta Hageo…*

Este acontecimiento fue escrito por uno de los profetas de Dios, llamado Hageo, en su libro nos da señales que descubren a el día domingo como el primer día de la creación y se representa así un día; "24".

Representa la reconstrucción del templo en Jerusalén en los días de Hageo, pero su segunda representación en profecía es como parábola, en la cronología de los días 21, 22, 23 y 24, fue así; La ultima cena fue el 21 revelando un Jueves, la crucifixión de cristo fue el 22 revelando un Viernes, su sepultura fue parte del día 23 revelando un Sábado judío, su resurrección fue el 24 revelando el Domingo como el primer día de la creación.

Hageo 12:[18] *Reflexionen desde **hoy** en adelante, desde **el día veinticuatro** del mes noveno, **día** en que se colocaron los cimientos de la casa del SEÑOR. Reflexionen:* [19] *¿Queda todavía alguna semilla en el granero? ¿Todavía no producen nada la vid ni la higuera, ni el granado ni el olivo? **¡Pues a partir de hoy yo los bendeciré!** »*

LOS CUATRO DÍAS EN EL LIBRO DE DANIEL

En el libro de Daniel los cuatro días de separación en creación teniendo al domingo como el cuarto, sabemos que Gabriel es nuestro Señor Jesús, Gabriel le explico a Daniel las razones por las cuales llego a él y le revelo que regresaría a luchar contra el príncipe de Persia el cual era Caifás el sumo sacerdote en ese año, Caifás se le opuso hasta que llego **el día 21** que proféticamente en el libro de Hageo representa el día **"Jueves"** cuando Judas Iscariote lo traiciono entregándolo a los maestros de la ley.

Daniel 10: [13] **Durante veintiún días el príncipe de Persia se me opuso,** *así que acudió en mi ayuda Miguel, uno de los príncipes de primer rango. Y me quedé allí, con los reyes de Persia.*

Después de ese día, llego el príncipe de Grecia que representa la autoridad de Cesar, el cual era Pilato, esto aconteció **el día 23** el cual en el libro de Hageo también está proféticamente referido como el primero de los tres días, ya que el primer del tercer día cuando fue destruido el templo de nuestro Señor Jesús fue el día **"Viernes"**.

Ahora, en el libro de Daniel está escrito lo que tenía que ser revelado como el acontecimiento del principio, el principio fue el día que el espíritu cubrió con su poder a María (la virgen de Dios) dando a luz a Jesús y cuando Jesús partió al cielo que es su trono a la vista de sus seguidores. Todo esto fue el principio, pero solo un día es de gran importancia pues representa **el primer día de la creación** cuando Dios separo la luz de la sombra "Domingo". **El tercer día** de la creación como el cuerpo de Jesucristo al tercer día de resurrección **"Domingo"**. El cuarto día de la creación como el templo de nuestro Señor Jesús **"Domingo 24"**.

Es por eso que el día 24 se repite mucho proféticamente cuando Dios les habla a los profetas, ese día en el antiguo testamento es conocido como el día del Señor, pero en el libro de Daniel está escrito como **el día 24** que representa a el hombre vestido de lino, sabiendo que fue el día "Domingo". El mes representa el primer día de la creación <u>"el primero"</u>. El gran rio Tigris siendo el tercero de los cuatro ríos representa <u>"el tercer día"</u> de resurrección de Jesucristo, Daniel escribió todo lo que Gabriel le ordeno, siendo Jesucristo en tiempo y espacio después de partir a los ojos de sus seguidores. Así Daniel redacta la revelación sellada;

Daniel 10: [4] **El día veinticuatro** *del mes primero, mientras me encontraba yo a la orilla del gran río Tigris…*

LOS MESES EN EL LIBRO DE AGEO

Los meses en el libro de Hageo (cuando Dios le hablo en el segundo año del rey Darío) también son importantes señales pues dan a conocer el mismo acontecimiento que son: El sexto mes como el día 21 o Jueves, el séptimo mes como el día 22 o Viernes, el octavo mes como el día 23 o Sábado, y el noveno mes como el día 24 o Domingo.

Hageo 2: [10] *El día veinticuatro* **del mes noveno** *del segundo año de Darío, vino palabra del Señor al profeta Hageo:*

Meses sellando los días…

Jueves _1er día del mes sexto.
Viernes _día 21 del mes séptimo.
Sábado _   mes octavo.
Domingo _día 24 del mes noveno.

Pero entre los cuatro meses que son, "El sexto, el séptimo, el octavo y el noveno" se encuentra el día 21 en el séptimo mes pero no como Jueves sino como viernes, ¿porque? Porque en los meses, "El séptimo mes, el octavo mes y el noveno mes" así como el Viernes fue el primer día de los tres profetizados por el Señor mismo como el segundo significado de la reconstrucción de su templo, pero se refería a su mismo cuerpo en resurrección. Es decir que los cuatro meses solo tres representan los tres días que le tomo a Jesús en reconstruir el templo de Dios, su templo (su cuerpo.) Los días en que nuestro señor Jesucristo le tomo tres días en reconstruir el templo después de que lo habían destruido. Gabriel: día 21, día 22, día 23 y el **día 24 Domingo (El templo).**

Cabe ahora decir que el tercer día de reconstrucción del templo del Señor aún no ha terminado, pues el tercer día comenzó en la mañana muy de temprano con la resurrección de Jesucristo y fue el día domingo. Así mismo la reconstrucción del templo que es el templo del Señor finalizara al final del tercer día conocido en profecía como los tres días y medio que será un viernes que es el sexto día de la creación, ya que la creación del hombre a la imagen de Dios no ha terminado, la reconstrucción del templo de Dios somos nosotros, nosotros somos el cuerpo de Cristo y la creación terminara en resurrección final, pero solo para entonces la reconstrucción del templo de Dios así como el tercer día será concluido junto con la creación del mundo, eternidad espiritual en literalidad.

LA COSECHA DE LA TIERRA
"AL PRINCIPIO DEL <u>DÍA 24</u> Y AL FINAL DEL <u>DÍA 65</u>"

Gabriel "21, **22**, 23 y 24"

Jesús es el testigo fiel él vive en la iglesia, como el camino nosotros caminamos, representamos el hijo único de Dios en el mundo pues a eso fuimos enviados, que salvemos a el mundo en base a que crean lo que testificamos, en Jesucristo somos el testigo fiel, y al vencer nos sentaremos con nuestro padre celestial el día final, nuestro padre solo nos dio el ejemplo de amor, eso es perfección, él puede quitar y dar vida, su victoria en creación fue para nosotros ser creados en amor.

Ahora, sabiendo que Caifás, el sumo sacerdote de ese año es representativamente en el libro de Daniel como **el príncipe de Persia**, representa la autoridad de religiones divididas en Jerusalén como el rey Herodes quien mando a encarcelar a Juan Bautista. También sabemos que Pilato el gobernador en Jerusalén es representativamente como **el príncipe de Grecia,** pues en Grecia reinaba el rey Cesar y representaba la autoridad mundial en los días del principio, el cual reinaba con Pilato el gobernador sobre Jerusalén.

*Daniel 10:[20] Y me dijo: "¿Sabes por qué he venido a verte? Pues porque debo volver a pelear contra **el príncipe de Persia**. Y cuando termine de luchar con él, hará su aparición **el príncipe de Grecia**.*

Los días escritos por el profeta Daniel tiene dos sentidos y uno de ellos tuvo su cumplimiento en los días que Jesucristo fue crucificado y son los que en el libro de Hageo por la palabra del Señor Dios Todopoderoso que Daniel lo revelo en sello. En el libro de Daniel, Gabriel revelo los cuatro días en sello, tanto, que ni Daniel pudo comprender su final pues eran destinados para la hora final. Los días en sello fueron; "El Jueves como el 21, el Viernes como el 22, el Sábado como el 23 **y el Domingo como clímax de toda la creación**".

Los cuatro días de la creación dan a revelarse el principio en que Jesucristo nuestro señor y Dios nos libró de nuestros pecados, <u>sufriendo la muerte en el madero el día Viernes,</u> espiritualmente llamado el día 22, son los cuatro días en que Dios creo al ser humano, pero la edad del rey Darío nos da a revelar el sexto y último día del trabajo de Dios en su creación el sexto día es el fin de toda creación de Dios y acontecerá cuando el venga con las nubes del cielo.

El pimer dia de la creacion		Jue	Vie	Sáb	Dom	
El tercer dia de la creacion	"EL TEMPLO DE DIOS"	1er	2do	3er		
El cuarto dia de la creacion		21	22	23	24	
Gabriel						
El sexto dia de la creacion		Lun	Mar	Mie	Jue	Vie	Sábado
El tercer dia de la creacion	"EL TEMPLO DE DIOS"	1er	2do	3er		
	Sukat Noche	62	63	64	65	
Miguel						
El séptimo día de reposo "La corona de la vida"						

Miguel "62, **63,** 64 y 65"

Ahora, Miguel es profetizado como el segundo testigo de Dios, cuando el rey Darío tenía 62 años (un Medo por descendencia) derroto a Belsasar, rey de los babilonios, y Darío el Persa hijo de Jerjes, un Medo, se apodero del reinado de babilonia (Proféticamente la gran ciudad de Jerusalén) su edad de Darío en <u>el primer año de su reinado</u> **"62"** (en secuencia de cuatro) revela el día en que Gabriel lo apoya a miguel en la lucha contra su enemigos, palabras de Gabriel por medio del profeta Daniel dice *"también le brindé mi apoyo y mi ayuda"* se refiere a que Gabriel no solo profetizo el **"21"** (en secuencia de cuatro) en su lucha contra el príncipe de Persia y el príncipe de Grecia, si no también profetizó el **"62"** (en secuencia de cuatro) para apoyar y ayudar a Miguel. En seguido escrito, <u>el libro de la verdad</u> se menciona con Miguel.

Daniel 10: [21] *Pero antes de eso, te diré lo que está escrito en* **el libro de la verdad**. *En mi lucha contra ellos, sólo cuento con el apoyo de* **Miguel, el capitán de ustedes.**

Daniel 11:[1] *»"Cuando Darío el Medo estaba* **en el primer año de su reinado**, *también le brindé mi apoyo y mi ayuda.*

A diferencia del 21 que termina en secuencia de cuatro números como el "Domingo 24" (el principio de la creación) el 62 termina en secuencia de cuatro números como el "Viernes 65" que representa el último día de la creación, ¿porque? Porque seis días son de trabajo para el hombre y seis días fuero de creación, el séptimo día Dios lo bendijo antes de su final aun antes de su principio, ¿porque? porque en ese día descansó de toda su obra creadora ya de mañana en sábado.

En el libro de Isaías, el profeta escribió de su visión al ver al Señor Dios Todopoderoso en su trono y con su manto sobre el templo de Jerusalén, a ese punto de la escritura Isaías vio en visión la segunda venida de Dios cuando aparece en el cielo y todo ojo lo mira. En seguida revela en visión los cuatro días antes de que este suceso ocurra, los cuatro días son; **62, 63, 64 y 65.**

Isaías 6: [2] *Por encima de él había serafines, cada uno de los cuales tenía* **6** *alas: con* **2** *de ellas se cubrían el rostro, con* **2** *se cubrían los pies, y con* **2** *volaban.*

Pero el día "62" en la secuencia de cuatro números que termina en **"Viernes 65"** como el último día de creación antes del Sábado que será día de descanso total, en la visión de los serafines solo los primeros tres días como señal se revelan así; 62, -2, -2, -- ¿porque? Porque el día 65 no solo significa viernes como el último día de la creación, representa al final del 65 la llegada de Dios y así Isaías lo escribe en diferentes representaciones;

Isaías 7: [8] *La cabeza de Siria es Damasco, y la cabeza de Damasco es Rezín; pero dentro de* **65** *años Efraín será destrozado hasta dejar de ser pueblo.*

En el libro de Isaías representa **"Emanuel"** pues concluye el principio como el nacimiento del mesías y su ascendencia al cielo así como el final como su regreso y creación del ser humano del polvo, su regreso será **resurrección final** como vida eterna o muerte eterna como día de juicio final.

Isaías 7: [14] *Por eso, el Señor mismo les dará una señal: La joven concebirá y dará a luz un hijo, y lo llamará* **Emanuel.**

También en una gran guerra antes de su venida él nos alienta con el significado de su nombre **"Jesús"** que espiritualmente y en profecía está escrito como **"Dios está con nosotros"** en escritura consecuente nos revela su regreso;

Isaías 8: [8] *pasará hasta Judá, la inundará, y crecerá hasta llegarle al cuello Sus alas extendidas, ¡oh* **Emanuel!***, cubrirán la anchura de tu tierra.»*

Isaías 8: [10] *Tracen su estrategia, pero será desbaratada, propongan su plan, pero no se realizará, porque* **Dios está con nosotros.**

LOS AÑOS EN EL LIBRO DE AGEO "Los dos testigos"

62 años es la edad del rey Darío y el primer año de su reinado sobre el reino de babilonia después de haber derrotado al hijo de Nabucodonosor. **63 años es la edad del rey Darío y su segundo año sobre el reino de babilonia.**

Hageo 1: [1] *El día primero del mes sexto* **del segundo año del rey Darío,** *vino palabra del Señor por medio del profeta Hageo...*

En el segundo año de su reinado, Darío tenía 63 años. Su edad **"63"** en el segundo año de su reinado se toma como representación cuando Dios le revelo al profeta Hageo el ordenar la reconstrucción de su templo, los días "21, (22), 23 y el día 24" esta secuencia de cuatro números revela los días en Jerusalén cuando nuestro Señor fue crucificado el día Viernes, esa fue la muerte de Jesucristo el testigo fiel el día viernes como el **22,** su resurrección fue el Domingo como el 24. Hageo escribe las señales del templo de Dios en cuatro días.

El día en que el testigo fiel se le dio muerte en la ciudad de Jerusalén fue el segundo día del 21 en secuencia de cuatro que fue **viernes 22 su crucifixión** según el libro del profeta Hageo. Un olivo, un candelabro de oro, y uno de los dos testigos representa Jesucristo, pero solo como testigo, ya que el domingo en resurrección vive para siempre y por siempre. Y como testigo representa a todos sus siervos, sus siervos representaran Jesucristo desde su resurrección hasta la hora final ellos serán el testigo fiel.

El día en que se le dará muerte al otro testigo en Jerusalén que fue donde crucificaron a su Señor, será de igual manera el segundo día del 62 de secuencia en cuatro números que será **"Miércoles 63"** para ese entonces los dos testigos estarán profetizando el día martes 62, el día miércoles **63,** el día jueves 64 y el día **"viernes 65 Emanuel"** según el libro del profeta Isaías. **"Tres días y medio"** según el libro de Apocalipsis. Gabriel será uno de los dos olivos, uno de los dos candelabros de oro y uno de los dos testigos, los siervos de Dios serán como Jesucristo el testigo fiel. Así al final de los tres días y una noche los dos testigos estarán de pie frente al señor de la tierra, aun Gabriel estará de pie como el templo en el cielo, estos son los dos pillares que sostienen el templo que es el cuerpo de Jesús cuando aparezca con las nubes del cielo, así todo ojo lo vera al Señor Jesús con gran gloria y poder.

Pero los Tres días y medio comenzaran al segundo día del 62 que esta de secuencia en cuatro según el libro del profeta Daniel;

Daniel 9:[26] *después de las **62** semanas, se le quitará la vida al príncipe elegido. Éste se quedará sin ciudad y sin santuario, porque un futuro gobernante los destruirá. El fin vendrá como una inundación, y la destrucción no cesará hasta que termine la guerra.*

Así vestidos de luto, algunos de toda tribu pueblo y nación velaran sus cuerpos hasta el final del día sesenta y cinco que será Viernes, el último día de la creación para ver el nuevo día que será sábado porque en ese día Dios descansó de toda su obra creadora, así el ser humano será creado del polvo pero esta vez en la era venidera, para eternidad, Amen.

Capítulo 05

La Gloria de Dios

El principio de la creación representa cuando María (Virgen) queda embarazada de Jesús por obra del espíritu santo y la ascendencia de Jesús a el cielo es también parte del principio de la creación y tiene muchos significados pero el clímax de toda la creación siempre será el Domingo 24 aún en el libro de Apocalipsis.

En el libro de Apocalipsis el veinticuatro que representa la reconstrucción del templo de Dios y así el domingo se revela en diferente representación, son las puertas de la ciudad santa en sello abierto, los 12 apóstoles más las12 tribus de Israel son 24, Domingo.

Las doce puertas de la ciudad santa. Cada puerta esta echa de una perla, aun así son 12 puertas de perlas, en los cuales están escritos los doce nombres de los apóstoles, es decir que los 12 apóstoles más las 12 puertas representan domingo 24, el cual siempre será de gran importancia en el libro de Apocalipsis.

En la visión que tuvo Juan, uno de los doce apóstoles, los doce nombres de las piedras preciosas cuentan solo hasta la sexta piedra preciosa que representa el sexto sello "144,000" el sello 144,000 es de seis números y por esta razón representa el sexto día de la creación, con base a los nombres de las 12 piedras preciosas; la piedra Jaspe representa el principio el cual es desde el nacimiento de Jesús hasta su ascendencia al cielo el cual es su trono (el arcoíris es su corona de vida eterna), la piedra de Cornalina representa el sexto día de creación el cual es viernes;

Apocalipsis 4:[2] *Al instante vino sobre mí el Espíritu y vi un trono en el cielo, y a alguien sentado en el trono.* [3] *El que estaba sentado tenía un aspecto semejante a una piedra de* **jaspe y de cornalina...**

>*La primera fundación es de* **(Jaspe**_____**1)**
>*La segunda fundación es de* **(Zafiro**_____**4)**
>*La tercera fundación es de* **(Ágata**_____**4)**
>*La cuarta fundación es de* **(Esmeralda**_____**0)**
>*La quinta fundación es de* **(Ónice**_____**0)**
>*La sexta fundación es de* **(Cornalina**_____**0)**

Así como la piedra de Jaspe representa el principio de la creación y también domingo, y como la piedra de cornalina representa los seis días de la creación y como el día sábado, así también la piedra de esmeralda es la cuarta, los 1,000 años representan el cuarto sello porque teniendo cuatro números también representa los cuatro días de la creación, y así mismo los mil años y los cuatro días de la creación son un día, "Domingo"

2 Pedro 3:[8] *Pero no olviden, queridos hermanos, que para el Señor* **un día** *es como mil años, y mil años como* **un día.**

Desde la piedra de jaspe a la piedra de esmeralda son cuatro y representan los mil años, jaspe representa el trono de Dios y esmeralda representa la corona de la vida en Jesús, y es el arcoíris que esta alrededor del trono.

Apocalipsis 4:[3] *El que estaba sentado tenía un aspecto semejante a una piedra de jaspe y de cornalina.* **Alrededor del trono había un arco iris que se asemejaba a una esmeralda.**

>*La primera fundación es de* (Jaspe_____1)
>*La segunda fundación es de* **(Zafiro**_____12+12=24)
>*La tercera fundación es de* (Ágata_____4)
>*La cuarta fundación es de* **(Esmeralda**_____1,000)
>*La quinta fundación es de* (Ónice_____0)
>*La sexta fundación es de* (Cornalina_____0)

El día Domingo 24 fue el día cuando el templo del Señor fue reconstruido en cronología de tres días, Domingo fue el tercer día refiriéndose al cuerpo de Jesús levantado del sepulcro. En la misma forma en la cronología de la secuencia del tercer día así en el libro de Apocalipsis los 24 tronos se refieren al día viernes, con los 24 ancianos refieren sábado, las 24 coronas y las vestiduras blancas se refieren al tercer día que es Domingo también siendo el primer día de la creación.

Apocalipsis 4:[4] *Rodeaban al trono otros* **veinticuatro tronos**, *en los que estaban sentados* **veinticuatro ancianos** *vestidos de blanco y con una* **corona de oro en la cabeza**.

También el domingo 24 fue el día de la victoria del Señor sobre la muerte, así como los tres días que representan la resurrección de Jesús al tercer día. En la misma forma las cuatro criaturas vivientes son en orden cronológico cuatro días antes del día en que el Señor venció la muerte, estos cuatro días están basados desde el día 21 hasta el día 24; El león representa el día 21 representando Jueves, el toro representa el día 22 refiriendo viernes, el que tiene la cara como de hombre representa el día 23 refiriendo sábado y finalmente la gran águila representa el día 24. Ahora cada ser viviente tiene seis alas que representa el sexto día de la creación y en sellos es el "144,000" pero el cuarto ser viviente es llamado el gran águila y representa el primer día de la creación que proféticamente es **el día domingo 24**, en sellos es el Segundo sello y las dos alas del gran águila porque tiene dos números **"2-4"**.

Apocalipsis 4: [7] *El primero de los seres vivientes era semejante a un león; el segundo, a un toro; el tercero tenía rostro como de hombre;* **el cuarto era semejante a un águila en vuelo**.

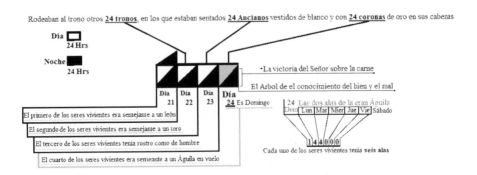

El 24 representa las 2 alas de la gran águila y domingo 24, todo se refiere como el primer día de la creación. Ahora, la creación se basada en siete días, seis días de trabajo de Dios y el séptimo fue cuando Dios descanso de todo su trabajo en creación, la creación fue figurativamente escrita como si ya estuviera terminada simplemente porque Dios hablo atravesó de los profetas dando a conocer como fue hecha la creación por fe, y en profecía lo explico que lo que tenía que terminarse tendría que darse lugar antes de su cumplimiento, de otra forma no habría sido escrito sin ningún propósito en cumplimiento.

Los siete días de la creación y los siete sellos tienen el mismo representante, los cuatro días y los seis días de la creación representa el día domingo, así mismo el cuarto sello "1,000" y el sexto sello "144,000" representan el día Domingo y revelan la victoria de nuestro Señor Jesús y Dios Todopoderoso.

Ahora el sello "144,000" no solo representa el sexto sello, también representan las seis alas de los cuatro seres vivientes, y los cuatro seres vivientes no solo representan los cuatro días de la creación, sino también son los mil años y el cuarto sello "1,000" ya sin el primer sello, segundo sello, tercer sello, cuarto sello **(1,000)** quinto sello y sexto sello **(144,000)** solo se descubre lo que en los seis sellos estaba sellado, el día Domingo, y revelan la victoria de nuestro Señor Jesús y Dios Todopoderoso.

Rotos los seis sellos se da a conocer los seis días del trabajo de Dios en creación. Y los seis días y los seis sellos siempre tendrán el día domingo como el clímax de toda la creación, pues fue el día en que nuestro Señor Jesús nos dio la victoria en su sangre derramada y en su resurrección.

Ahora en los siete días de la creación hay seis días de trabajo que representan el principio y el día séptimo es el sábado de descanso y resurrección final. Pero en los siete sellos al romperlos en Cristo hay seis sellos, una vez rotos se revelan los seis días de la creación como domingo, el día en que Cristo venció. La diferencia es que en el séptimo día ya se revelo como el último día de la creación que será sábado, y en el séptimo sello cambia, es la hora final, también en los siete sellos el séptimo se revela como los siete ojos, ya que es la hora final rompiendo el séptimo sello en Cristo, es cuando todo ojo vera a nuestro Señor Jesús venir con las nubes del cielo con gran poder y gran gloria.

El séptimo sello y los siete ojos son la hora final, una vez rotos los siete sellos la hora del día final se revela en Cristo 20-**0,000,000.**

Y así es como nosotros en profecía se nos revela quien es nuestro Señor y Dios, porque el no vino a este mundo suyo para sentarse en su trono, el Provo que él era digno de gloria y honor y poder, el siendo Dios sufrió rebajándose a sí mismo para darnos entendimiento, no durmió bien no comía bien, siempre listo para asegurarse que todo estuviera en su debido tiempo y lugar, eso fue cuando el camino en la tierra, el protegió a sus seguidores, sanando a el herido, dando conformidad a el que la necesitaba, protegiendo a el pecador que se arrepentía y perdonándolo de sus pecados con compasión, aquel que en las Santas Escrituras estaba escrito como el principio de la creación, el primero en todo, nuestro primer amor, porque fuimos creados por amor, Jesucristo sufrió de gran manera a manos de los líderes de los judíos (sus hermanos) y después en manos de sus guardias, después por el irrazonable castigo que Pilato le inflicto a Cristo Jesús, después de escoltarlo atado por toda Jerusalén de un líder a otro solo para buscar su condenación, sin ser esto suficiente, fue sentenciado a ser crucificado por la misma ciudad y sin la intervención de la autoridad pues el gobernador ya se había lavado las manos viendo cómo se llevaban a Jesucristo a la muerte, y así como está escrito, él es digno, porque él no lo hizo para recibir la gloria, lo hizo por nuestra salvación y así nosotros somos su gloria, su templo, su cuerpo. Él lo hizo simple, majestuosamente y único por el amor que él tiene por todos nosotros. Esa es la razón y por qué el primer día de la creación el cual fue el Domingo es para tenerlo en mente siempre como un sello en nuestras frentes, ahora lo entienden príncipes y princesas, su rey reina con corona de vida, y un día no muy lejano, los hará reyes y reinas para reinar en la tierra, lo cual significa el vivir por siempre en ella, Amen.

Los **12** apóstoles más las **12** tribus de Israel son los **24** ancianos, ya que el <u>Domingo 24</u> es el principio de la creación porque nuestro Señor Jesús en resurrección es el principio y el fin.

Apocalipsis 4: [10] *los veinticuatro ancianos se postraban ante él y adoraban al que vive por los siglos de los siglos. Y rendían sus coronas delante del trono exclamando:*

[11] **«Digno eres, Señor y Dios nuestro,**
de recibir la gloria, la honra y el poder,
porque tú creaste todas las cosas;
por tu voluntad existen
y fueron creadas.»

Capítulo 06

EL PERGAMINO ESCRITO POR AMBOS LADOS Y SELLADOS CON SIETE SELLOS

En el libro de Apocalipsis es como un pergamino escrito en los dos lados, porque en un lado tiene siete ojos y del otro lado del pergamino escrito tiene siete señales, así como en un lado tiene siete trompetas y del otro lado tiene siete copas llenas de la ira de Dios todo poderoso. En el libro de Apocalipsis representado como pergamino hay siete sellos, es decir que el libro de Apocalipsis tiene siete sellos que solo en Cristo Jesús se pueden abrir, esos siete sellos dan a revelar la hora-en séptimo sello, el día-en creación, el mes y el año-en el sexto ojo, señal y sello, aun hasta el lugar en la sexta trompeta-Jerusalén.

Para entender las Sagradas Escrituras en un claro entendimiento, es necesario entender cómo se abren los siete sellos y solo entonces la conclusión de todas las cosas es revelada en su debido tiempo, los sellos solo se pueden abrir en Cristo Jesús pues él es el principio de la creación y será el fin en su obra creadora, entender que se hizo hijo a los ojos de sus enemigos fue para que respetaran a el hijo como al padre, tal vez no lo entienden claramente, pero eso fue protección para nosotros y confusión hacia sus enemigos de otra forma nos tendrían atados a su ley para salvación, por esa razón vivimos por fe, amor y fidelidad para exaltar a Dios y no al hombre.

Apocalipsis 5:[1] *En la mano derecha del que estaba sentado en el trono vi* **un rollo escrito por ambos lados y sellado con siete sellos.**

Solamente nuestro padre celestial conoce el día y la hora del fin, él lo revela como señales, en visiones, en sueños y en el libro de Apocalipsis está claro este concepto, pues el mismo lo preparo para que se diera la hora final pero solo en su debido tiempo, es por eso que el libro de apocalipsis estaba confuso a los ojos del hombre, pero al acercarse el tiempo del fin nuestro Padre celestial, aquel que venció en la cruz, no nos dejara sin luz en el camino, nos mandara ángeles para que se cumplan los salmos y como ha sido, nos guiaran y como novia estaremos preparados vestidos de blanco (en bautizo) y aun en aquel día, cualquiera que clame en el nombre del Señor que es Jesús, será salvo, porque así está escrito y así será.

El sexto sello representa los seis días de la creación, al romperse el sexto sello se revela el sexto día de la creación como parte absoluta del domingo en que Jesucristo venció la muerte en acción y reacción aun a el que representa el poder de ella. El sello en la frente es el nombre de Jesús que es el cordero en jueves en la última cena y Dios Todopoderoso en Domingo 24 de su resurrección y primer día de la creación. De los seis días en creación y trabajo de Dios en ella, el domingo en principio gano nuestra victoria para el día final (sábado).

El séptimo día no fue de división o creación, lo cual significa que es de descanso, y también significa que el último día de la creación es viernes, por eso el sexto sello es de gran importancia para entender los seis días de la creación (**1-4-4-0-0-0**).

El séptimo sello no se revela como el último día de la semana en creación que será un Sábado, en el séptimo sello, una vez ya roto en Cristo Jesús, se revela la hora en el último día de la creación "Viernes" aun teniendo por descanso el día sábado en parte de los siete días en creación de Dios.

En los sellos están los seis días de la creación **(144,000)** y **(24)**

Un número se refiere al primer sello ----------------*1*-----= *144,000<Domingo y Viernes*
Dos números refieren al Segundo sello------------ *24*--- = 12 + 12.
Tres números refieren a el tercer sello ----------*144*--- = 12 x 12.

Cuatro números refieren al cuarto sello -------*1,000*---- = *24*
Cinco números refieren a el quinto sello ---- *12,000*--- = 12 x 1,000.
Seis números refieren a el sexto sello --------*144,000*--- = 12 x 12,000.

Teniendo presente que bíblicamente los años y los meses son en base a las fases de la luna, y que los días están divididos en un periodo de 24hrs, 12hrs de día y 12hrs de noche, así mismo el séptimo sello una vez ya abierto en Cristo Jesús, se revela la hora en su bíblico significado como Dios lo ha mandado; 20:00hrs (20-**0,000,000**)

Ahora el séptimo día en creación es el fin conocido como Sábado, Dios santifico el día sábado por que en el concluyo su obra creadora y se le conoce por Moisés como el día de descanso. Ahora después del séptimo sello que es la hora final, está el séptimo ojo que es el que ve la séptima señal de principio a fin, los siete ojos representan todo ojo que vera a nuestro Señor Jesús en los siete continentes, en el séptimo sello está la hora en que acontecerá, y la séptima señal es la cosecha de la tierra, es decir, todo ser humano.

Siete números refieren a el séptimo sello-----------*20-**0,000,000***

En el libro de Apocalipsis capítulo cinco, Miguel es representado como el ángel que hace las preguntas sabiendo las respuestas, uno de los veinticuatro ancianos representa a uno de los **12** apóstoles y la tribu de Judá, también mencionada, es una de las **12** tribus de Israel y la raíz de David representa a Jesús como Rey de los judíos, porque es de la descendencia del rey David, como Dios se lo prometió que no faltaría rey en su reinado, y la victoria de Jesús fue el domingo **24** que en secuencia de cuatro seres vivientes el león o Jueves tomo lugar en la última cena de nuestro Señor Jesús y sus doce apóstoles y el sacrificio del cordero de Dios, siendo el Dios, simplemente nos representó a nosotros para no ser más condenados por el pecado que es la muerte, así como representación de todos nosotros desde ese día hasta hoy, sí! el cordero rompe los 7 sellos, porque nosotros rompemos los sellos en Cristo Jesús y en su sangre del cordero, nosotros somos el desde el principio de la creación su sangre.

Apocalipsis 5: [5] *Uno de los ancianos me dijo: «¡Deja de llorar, que ya **el León** de la tribu de **Judá**, la Raíz **de David**, ha vencido! Él sí puede abrir el rollo y sus siete sellos.»*

[6] *Entonces vi, en medio de los cuatro seres vivientes y del trono y los ancianos, a un Cordero que estaba de pie y parecía haber sido sacrificado. Tenía **siete***

cuernos y siete ojos, que son **los siete espíritus de Dios enviados por toda la tierra.**

Nosotros representamos a el cordero, pues su sangre en nuestras ropas en bautizo nos limpia de todo pecado sin pasar el castigo frente a Dios que es la segunda muerte, y como son siete continentes todo se denomina como siete en estos versículos, siete cuernos del cordero, siete ojos del cordero, y los siete espíritus de Dios son los ángeles de Dios y mensajeros de todas las Iglesias (Templos) y profetizamos dando testimonio en su santo espíritu que es "LA PALABRA DE DIOS" que nos fue dada en las Santas Escrituras para que todo el que creyera en nosotros (sus siervos) fuera salvo en el nombre de **"Jesús"** en arrepentimiento y bautizo en su nombre. Somos sus siete ojos del cordero porque profetizamos y testificamos por fe que todo ojo lo vera, aun los que le traspasaron las manos.

El significado profético de los 7 cuernos del cordero se refiere al día en que Jesús tuvo la última cena antes de que fue crucificado "Viernes, sábado y domingo".

El significado profético del día "Domingo" es la completa creación del hombre, en un solo día de principio que espera el día final "Viernes" y así las Santas Escrituras tendrán su completo cumplimiento total "Sábado".

Así como cuando sentado en un burrito Jesús entrando a la ciudad de Jerusalén fue recibido con palmas por las **12** tribus de Israel en compañía de sus **12** apóstoles, así cantaban un nuevo cantico, y así como descendiente del rey David que era, lo recibían como **el Rey de los judíos,** su rey llego sentado en un burrito así como lo profetizo Zacarías, que lleno del espíritu santo escribió;

Zacarías 9: [9] *¡Alégrate mucho, hija de Sión!*
  ¡Grita de alegría, hija de Jerusalén!
Mira, tu rey viene hacia ti,
  justo, salvador y humilde.
Viene montado en un asno,
  en un pollino, cría de asna.

Y en este nuevo cantico hoy sabemos que nuestro rey reina, desde el domingo que proféticamente refiere a su cuerpo como su templo ya en resurrección **"Domingo 24"**.

El cordero en sacrificio y Dios todo poderoso en victoria son el templo de la Nueva Jerusalén. El día de su Victoria nos revela nuestro padre eterno, es de mantenerlo en mente como un sello en la frente que nos da paz, paciencia, esperanza y lo más grandioso que es el amor y nos hace pronunciar este nuevo cantico que fue su muerte por nosotros.

Apocalipsis 5:[9] **Y entonaban este Nuevo cántico: "Digno eres…"**

Capítulo 07

"La señal del Templo de Dios"

EL PRIMER SELLO

El primer sello está basado en el entendimiento del trono de Dios como en número uno "1" el primer sello refiere el primer día de creación. Pero es una secuencia de cuatro sellos para así también entender el significado de los cuatro días de creación. He aquí el primer sello pero el completo significado solo cuenta cuando los cuatro sellos son revelados:

Apocalipsis 6:[1] *Vi cuando el Cordero rompió **el primero de los siete sellos...***

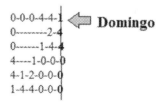

El día jueves "21" es parte del primer sello de los cuatro sellos, que viene representando el primer día de la creación en cuatro días proféticos. El día jueves 21 fue la última cena de Jesús y sus doce apóstoles, ese día se celebraba la fiesta de los panes sin levadura, en el cual el cordero de la pascua judía tenía que ser sacrificado, fue el día en que Judas Iscariote lo traiciono a Jesucristo y está claro como el día jueves es simbólicamente llamado el día "21" y la primera criatura viviente "el León" por esto él es el león de la tribu de Judá y en secuencia de cuatro terminan en el día domingo "24" la cuarta criatura viviente "la gran águila".

Apocalipsis 6:[1]*...y oí a uno de los cuatro seres vivientes, que gritaba con voz de trueno: «¡Ven!»*

El León se refiere a la Victoria de nuestro Señor en diferencia a la cronológica secuencia de los cuatro seres vivientes. En simbólico representativo el domingo 24 se repite constantemente por ser el clímax de la creación.

EL PRIMER JINETE

Aquí sigue la señal del principio y también la victoria de cristo sobre la carne, simbólicamente el que monta el caballo blanco es Jesucristo, y el caballo blanco representa la tribu de Judá como está escrito por el profeta Zacarías;

Zacarías 10:[3]*...*

Ciertamente el Señor Todopoderoso
*cuida de **Judá,** que es su rebaño,*
¡y lo convertirá en su corcel de honor
el día de la batalla!

El caballo blanco de Dios es el trono blanco de Dios, también es la ciudad santa vestida de blanco y las nubes blancas en que Dios está sentado es también la piedrecita blanca de Jaspe que tiene su nombre escrito porque siendo la primera perla representa el principio de la creación de Dios y su trono que en simbolismo es el lugar santísimo y es el mismísimo cielo literalmente, es el paraíso de Dios.

Apocalipsis 6:[2] *Miré, ¡y apareció un caballo blanco! El jinete llevaba un arco;* **se le dio una corona, y salió como vencedor,** *para seguir venciendo.*

EL SEGUNDO SELLO

El Segundo sello está basado en dos números como **"12+12=24"** El segundo sello es parte de los cuatro sellos como la secuencia de los cuatro días de la creación, esto refiere a la separación de los cielos de la tierra, y su solución final es el primer día de la creación (Domingo), pero así como primer sello en el segundo sello solo cuenta cuando los cuatro sellos son revelados, aquí está el segundo sello:

*Apocalipsis 6:[3] Cuando el Cordero rompió **el segundo sello**...*

```
0-0-0-4-4-1
0------- -2-4  ⬅  12+12=24
0-----1-4-4
4---1-0-0-0
4-1-2-0-0-0
1-4-4-0-0-0
```

El día 22 refiere el día viernes. En el día viernes Jesús fue crucificado en manos de sus hermanos (figurativamente) Jesucristo fue destinado a vencer así desde su nacimiento. Por ahora este es el día viernes, el día 22, cuando su sangre nos libra de todos nuestros pecados, esa es la manera en que nosotros nos convertimos en sus hijos e hijas, no hay amor más grande que este, inexplicable porque fue necesario que del creador el ser sacrificado por nuestra salvación fuera única opción, su sangre fue el olvido y perdón de nuestros pecados, pero sus sufrimientos excedieron el límite aun el pudiendo librarse en un segundo, su plan fue cumplir lo escrito, cumplir la palabra, cumplir sus promesas. Aquí se refiere el día viernes, proféticamente el día 22 y el segundo ser viviente "come un toro" en escritura simbólica.

EL SEGUNDO JINETE

Apocalipsis 6:[3]...oí al segundo ser viviente, que gritaba: «¡Ven!»

Miguel es quien ayuda a nuestro Señor Jesús en su lucha contra sus enemigos, esto ocurre en los últimos días, así como está escrito en el libro de Apocalipsis de la lucha entre los ángeles de Dios con Miguel y su victoria con la sangre del cordero.;

Apocalipsis 12: [7] *Se desató entonces una guerra en el cielo:* **Miguel y sus ángeles combatieron al dragón;** *éste y sus ángeles, a su vez, les hicieron frente,* [8] *pero no pudieron vencer, y ya no hubo lugar para ellos en el cielo.*

Esta es la clara representación de como callo la serpiente antigua escrita proféticamente en las Santas Escrituras en el libro de Génesis, el caballo rojo es el dragón rojo, el acusador y satanás también llamado leviatán, porque al matar hombres, come carne como come polvo y el hombre del polvo fue tomado. Su jinete del caballo rojo es el ángel (espiritualmente hablando) el ángel que se revelo contra Dios, y el caballo rojo son sus ángeles, su gran pecado es el matar a sus hermanos y hermanas creyendo hacer servicio a Dios de esa forma.

Apocalipsis 6:[4] *En eso salió otro caballo, de color rojo encendido. Al jinete se le entregó una gran espada;* **se le permitió quitar la paz de la tierra y hacer que sus habitantes se mataran unos a otros.**

EL TERCER SELLO

El tercer sello es parte del cuarto sello basado en tres números, **"12x12=144"** pero su verdadera interpretación es parte de los cuatro días de la creación, pero los tres sellos solo cuentan cuando los cuatro sellos son revelados en completo.

Apocalipsis 6:[5] *Cuando el Cordero rompió* **el tercer sello...**

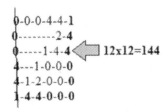

El día 23 se refiere al sábado. El día sábado, los fariseos le preguntaron a Pilato por que hiciera segura la tumba donde el cuerpo de Jesucristo se encontraba, y Pilato de acuerdo en esto ordeno que tomaran guardias con ellos para que se asegurara la tumba donde Jesucristo fue sepultado y así nadie pudiera abrir la tumba donde Jesucristo estaba y así lo hicieron. En las Santas Escrituras no dice demasiado acerca de este particular día, solo que fue sábado y proféticamente el día 23 y también el tercer ser viviente "tenía rostro como de hombre" excepto que el día sábado lo celebraban los judíos como está escrito en la ley de Moisés.

EL TERCER JINETE

Apocalipsis 6: [5] *... oí al tercero de los seres vivientes, que gritaba: «¡Ven!» Miré, ¡y apareció un caballo negro!* **El jinete tenía una balanza en la mano.**

En el libro de Daniel y en el libro de Apocalipsis, el tercer caballo negro representa a muchas gentes, multitudes, naciones y lenguajes, también representan las aguas donde se sienta la gran ciudad, será como una unión de diez naciones en cuatro continentes (Reinados) y devoraran toda la tierra, la aplastara y la pisotearan. Su representación es una gran guerra mundial y esto afectara la compra y venta de comida, la balanza representa la pobreza y la riqueza ya que por esa misma razón se escucha que las consecuencias de la gran guerra será trabajar mucho por poca comida, pero no durara por largo tiempo sino solo los días que dure la ira de Dios y venga el fin.

Apocalipsis 6: [6] *Y oí como una voz en medio de los cuatro seres vivientes, que decía: «Un kilo de trigo, o tres kilos de cebada,* **por el salario de un día;** *pero no afectes el precio del aceite y del vino.»*

EL CUARTO SELLO

El cuarto sello está basado en cuatro números "1-0-0-0" este es el fin de la secuencia de los cuatro sellos también conocido como los mil años, aunque los mil años cubren el día domingo que fue cuando nuestro Señor resucito de entre los muertos "**24**".

También el cuarto sello es el fin de la secuencia de los cuatro seres vivientes, que termina en la gran águila y sus dos alas "**2-4**" y fue el día Domingo. También representa el entendimiento de los primeros cuatro días de separación por la luz en la creación pero como en sentido espiritual.

Todo esto significa que el cuarto sello representa (**1,000 años**) y el cuarto ser viviente es simbólicamente la representación del día domingo

(**24**) así como está escrito; *"Para el Señor mil años son como un día y un día es como mil años"*

Ahora es simple de entender: el cuarto sello (1-0-0-0) es como el primer día de la creación (Domingo) y el último día de la creación como el cuarto sello también, porque cuando el sello en los mil años se abre en Cristo Jesús, los mil años revelan el primer día de la creación y el primer día de la semana, lógicamente entendemos que el fin de semana es el séptimo día, sábado.

Ahora este es nuestro verdadero testimonio que debe ser terminado antes del fin de la era, ahora ya has entendido que su cumplimiento se acerca, la llamada es para esperar y no fallar en la fidelidad que Dios espera en nosotros.

Apocalipsis 6:[7] *Cuando el Cordero rompió el cuarto sello...*

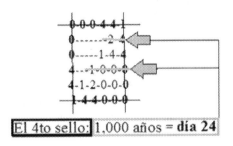

El día domingo 24 (el primer día de la creación). En el domingo fue la victoria de nuestro Señor y Dios, es claro que después de este día el Señor partió de sus doce discípulos a preparar una casa para su santo pueblo, los profetas de Dios vieron visiones de parte de Dios, ellos vieron su gloria, su templo, su cuerpo, como una corona de Dios todo poderoso, así mismo en simbólicos días y en personas simbólicamente representando todo el plan de salvación de Dios. Este importante día fue el domingo 24 y si, domingo fue el primer día de la creación y el cuarto ser viviente "las 2 alas del gran águila" simplemente porque está basado en 2 números (2-4) este día se le dará a la iglesia de Dios (la novia) entonces todos tendremos que entender que estar preparados en bautizo y espíritu es necesario porque su cumplimiento está cerca.

Los 1,000 años son testimonio de los dos testigos que terminara junto con ellos, pero solo terminara el testimonio del día mas no habrá terminado el día que representa el principio y el fin.

EL CUARTO JINETE

Apocalipsis 6:[7]*…oí la voz del cuarto ser viviente, que gritaba: «¡Ven!»*

Literalmente el último enemigo de Dios es llamado "Muerte" en el primer día de la creación por física de acción y reacción (Muerte) fue vencida cuando nuestro Señor Jesucristo se levantó del sepulcro, el primer día de la creación. Pero Espiritualmente en los últimos días se señala un futuro gobernador espiritualmente llamado "Muerte" el cual es el jinete del caballo amarillo, el caballo amarillo se refiere a gentes, multitudes, naciones y lenguajes, también llamado espiritualmente "infierno" y este sigue a la muerte. Tres días y medio están decretos y la marca de la bestia **(666)** porque la cuarta bestia rompe **el sexto mandamiento** que está escrito en la ley de Moisés, mandamientos de Dios mismo a su santo pueblo, estas son las Sagradas Escrituras:

Éxodo 20: [13] **»No mates.**

Ahora, en el libro de Daniel, un profeta de Dios en su santo espíritu, explica que en los últimos días habrá dos pactos:

El pacto del rey del norte y el rey del sur, el cual el rey del norte lo rompe al invadir a Jerusalén y se levantara contra el santo pacto;

Daniel 11:[5] *» "El rey del sur cobrará fuerza, pero uno de sus comandantes se hará más fuerte que él, y con alarde de poder gobernará sobre su propio imperio.* [6] ***Pasados algunos años harán una alianza: la hija del rey del sur se casará con el rey del norte,*** *y harán las paces, aunque ella no retendrá su poder, y el poder del rey tampoco durará.* ***Ella será traicionada,*** *junto con su escolta, su hijo y su esposo.*

Y el santo pacto que mantenemos desde Jesucristo para perdón de nuestros pecados hasta el fin, así como él nos dio mandamiento, en esto se revela de parte de Gabriel a Miguel el príncipe elegido en los últimos días;

Daniel 11: [22] *Arrasará como una inundación a las fuerzas que se le opongan; las derrotará por completo,* **lo mismo que al príncipe del pacto.** [23] *Engañará a los que pacten con él, y con un grupo reducido usurpará el trono.*

Esa acción obviamente tendrá final y su final es resurrección final;

Daniel 12:[1]*»"***Entonces se levantará Miguel,
    el gran príncipe protector de tu pueblo.***
Habrá un período de angustia,
    como no lo ha habido jamás
    desde que las naciones existen.
Serán salvados los de tu pueblo,
    cuyo nombre se halla anotado en el libro,
[2] **y del polvo de la tierra se levantarán**
    las multitudes de los que duermen,
algunos de ellos para vivir por siempre,
    pero otros para quedar en la vergüenza
    y en la confusión perpetuas.

Escrito esta que esta acción causara división en los últimos 10 días, porque será como un número de identificación en un solo poder mundial, cabe decir que las uniones como pactos de paz entre naciones son buenas para tener un balance económico y social, pero cuando se dividen las naciones porque se rompe ese pacto 'pacto que no tiene nada que ver con el Santo pacto del cordero' así se le conocerá a esa división (la gran guerra) como; **el rey del norte y rey del sur**, pero a Israel como el centro de todo cumplimiento profético, Jerusalén y al final el santo templo.

Por causa de esa división mundial los habitantes de la tierra (los que siguen a la bestia) forzaran a toda raza, pueblo, lengua y nación de recibir ese número que se explica como una identificación universal, esto será por causa del rompimiento de ese pacto y así mismo la división de naciones sobre la faz de la tierra, y esto se comprende perfectamente en las Santas Escrituras de principio a fin;

Apocalipsis 13: [16] *Además logró que a todos, grandes y pequeños, ricos y pobres, libres y esclavos, se les pusiera una marca en la mano derecha o en la frente,* [17] **de modo que nadie pudiera comprar ni vender,** *a menos que llevara la marca, que es el nombre de la bestia o el número de ese nombre.*

El no poder comprar y vender refiere a la impotencia de sobrevivir en la sociedad y es causa de esa división mundial y aumentara la ira de Dios pues inocentes niños y niñas, jóvenes y señoritas, padres y madres, ancianos y ancianas serán llevados a muerte por causa de esta división mundial.

La bestia es una unión de diez naciones y sus ejércitos que plantaran sus campamentos entre el mar mediterráneo y Sion (el monte santo) que está en Jerusalén al noroeste del santo templo, a ese espacio proféticamente se le llaman "Armagedón".

Claro esta que esta es la razón del porque el ser humano (Adán) y Jerusalén (Eva) y por lo que Satanás (Caín) hizo, desde la sangre de Jesucristo (Abel) que es de todo profeta de Dios que se le dio muerte en su nombre (Hijos e Hijas de Dios) y aunque por un hombre todo perecerá así mismo por un hombre todo será nuevo "Jesucristo" y es una promesa de salvación para el mundo que se puede poseer en arrepentimiento y bautismo en su nombre.

Mateo 12:[30] *»El que no está de mi parte, está contra mí; y el que conmigo no recoge, esparce.* [31] *Por eso les digo que a todos se les podrá perdonar* **todo pecado y toda ★blasfemia, pero la blasfemia contra el Espíritu no se le perdonará a nadie.**

Así como están decretados los tres días con sus noches en los últimos diez días con sus noches, terminara <u>el sexto día de la creación que será en viernes</u> por ser el día en que el hombre derrumbo el árbol del conocimiento y comió sus frutos cuando Dios le había dicho que el día que comiera de ese fruto moriría, Adán es todo ser humano creado por Dios. Pero así como por el pecado de un hombre viene la muerte, así en Cristo Jesús existe la salvación, pero queda el día viernes por la muerte en el madero de Cristo Jesús y así el derramamiento de su sangre día tras día.

Pero al final de esos tres días con sus noches, la muerte no existirá más, ahora les animare para mantener esto en mente pues concierne a la salvación de la humanidad, amar a Dios sobre todas las cosas.

"No mates" es verdad que hay perdón de todo pecado, pero debes de entender que si tu matas con la espada, con espada tu vida será quitada, y ora para que encuentres paz y salvación frente a Dios el día del juicio, pues el juzgara si tus acciones fueron para proteger, salvar y sanar o fueron para destruir, matar y robar. De eso cada uno entregara cuentas, pase lo que pase, no te apartes de Jesucristo, quien en el confía jamás caerá, así será.

_No sean engañados, porque el sello del Dios vivo (144,000) es parte de grandes señales cronológicas secuencias de siete sellos que Dios mismo preparo, **los sellos bíblicos no tienen nada en común con la marca de la bestia, la diferencia del sello del Dios vivo es salvación de vidas para eternidad** al reconocer a nuestro Dios y salvador que es Jesucristo en los seis días de la creación que terminara a su regreso, el dará la corona de vida eterna y ni una alma que busque su perdón y salvación no se perderá.

En los últimos días por un solo poder y la unión de naciones extranjeras destruyendo naciones ajenas, en medio de una gran guerra.

Apocalipsis 2: [10] *No tengas miedo de lo que estás por sufrir. Te advierto que a algunos de ustedes el diablo los meterá en la cárcel para ponerlos a prueba, y sufrirán persecución* **durante diez días.** *Sé fiel hasta la muerte, y yo te daré la corona de la vida.*

Esto no dudara más que los días que nuestro Señor Jesús nos advirtió el ser fieles en ello, y no solo nos dio los días, nos prometió la vida como corona eterna, y si habla de vencer, es porque se tiene que vencer, en la fe, de que así será. Y recalcare estas palabras para darles aliento *"No tengas miedo a lo que estas por sufrir".*

La muerte es el último de los enemigos de Dios que será derrotado, pues al ser Dios la vida mata a la muerte eternamente y ya no habrá muerte, ni sed, ni hambre.

Apocalipsis 6: [8] *Miré, ¡y apareció un caballo amarillento! El jinete se llamaba Muerte, y el Infierno lo seguía de cerca.* **Y se les otorgó poder sobre la cuarta parte de la tierra, para matar por medio de la espada, el hambre, las epidemias y las fieras de la tierra.**

Capítulo 08

"La señal del altar"
(Nuevo año y nuevo mes en el calendario hebreo)

EL QUINTO SELLO

Los cuatro cuernos y el altar de oro que esta frente a Dios. En el quito sello hay una nueva representación de la hora de la venida de Nuestro Señor Jesús, ya pasados los cuatro sellos que descubren los cuatro días de la de separación, llegan el quinto y el sexto sello que representan los dos y últimos días de creación, al tener un punto diferente de los días en que fueron creados los cielos y la tierra.

Los cuatro ángeles son cuatro lunas cuando se tornan rojas, los cuatro cuernos del altar de oro son los cuatro vientos, ahora en el quinto sello se representa la tierra como el altar de oro.

En los cuatro ángeles se encuentra el mes y el año por la cronológica secuencia de las fases de la luna son basadas en treinta días cada luna nueva y el año nuevo también, porque el año judío está basado en la secuencia lunar como Dios manda, no importando que el calendario presente no esté basado en un exacto calendario lunar mundialmente. Este trabajo es de Dios bíblicamente y proféticamente, es muy importante que se reconozca el calendario lunar (calendario hebreo) como judío y contarlo para tomar en cuenta la cosecha de lo que se sembró en la tierra, Dios apartara al ser humano.

*Apocalipsis 6:[9] Cuando el Cordero rompió **el quinto sello**...*

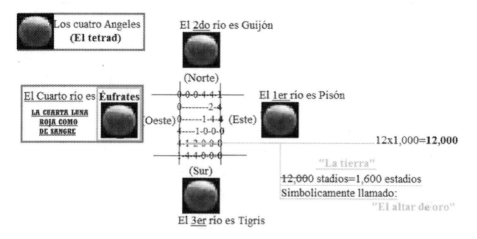

En el quinto sello la tierra esta representada como el altar de oro, y bajo el altar de oro estan en la tierra las almas de aquellos que han sido muertos por causa de la palabra de Dios y el testimonio que mantuvieron, estan bajo el altar o mas claro, en tierra. Ellos estan fisicamente durmiendo en el polvo de la terra y sus almas (como creyentes) esperan por el gran día del Señor que sera la resurreccion final y la corona de la vida para eterna paz, que tomara su lugar a el fin de la era, porque asi esta escrito en el libro de hechos.

Hebreos 11:[6] En realidad, sin fe es imposible agradar a Dios, ya que cualquiera que se acerca a Dios tiene que creer que él existe y que recompensa a quienes lo buscan.

La sangre de Abel está en todos los que mueren en él, Abel representa la buena semilla que muere para darnos vida así como de la vid somos sus ramas, así como del árbol somos sus frutos, damos semilla del árbol con el que estamos unidos, sin él no podemos dar fruto de vida eterna, porque no habría vida eterna en nosotros;

Hebreos 11:[32] ¿Qué más voy a decir? Me faltaría tiempo para hablar de Gedeón, Barac, Sansón, Jefté, David, Samuel y los profetas, [33] los cuales por la fe conquistaron reinos, hicieron justicia y alcanzaron lo prometido; cerraron bocas de leones, [34] apagaron la furia de las llamas y escaparon del filo de la espada; sacaron fuerzas de flaqueza; se mostraron valientes en la guerra y pusieron en fuga a ejércitos extranjeros. [35] *Hubo mujeres que por la resurrección recobraron a sus muertos. Otros, en cambio, fueron muertos a golpes, pues para alcanzar una mejor resurrección no aceptaron que los pusieran en libertad.* [36] *Otros sufrieron la prueba de burlas y azotes, e incluso de cadenas y cárceles.* [37] *Fueron apedreados, aserrados por la mitad, asesinados a filo de espada. Anduvieron fugitivos de aquí para allá, cubiertos de pieles de oveja y de cabra, pasando necesidades, afligidos y maltratados.* [38] *¡El mundo no merecía gente así! Anduvieron sin rumbo por desiertos y montañas, por cuevas y cavernas.*

La promesa del fruto eterno que está sembrado en nosotros desde que el árbol de la vida nos da salvación por medio de sus doce frutos (doce apóstoles) para ser parte de sus doce cosechas (doce tribus de Israel). Mas nadie ha llegado a ver la promesa de un reino eterno todavía, pues desde Abraham hasta los cuatro meses para la cosecha (últimos cuatro días antes de principio y antes del fin) Dios con su gran poder y gloria nos llevara al cielo a la derecha del Señor, pues todos somos **la cosecha de la tierra** y buen fruto de buena semilla simbólica también llamada proféticamente en Jesucristo (Abel) así mismo la planta que no da buen fruto será quemada en fuego eterno.

Hebreos 11:[39] ***Aunque todos obtuvieron un testimonio favorable mediante la fe, ninguno de ellos vio el cumplimiento de la promesa.*** [40] ***Esto sucedió para que ellos no llegaran a la meta sin nosotros, pues Dios nos había preparado algo mejor.***

Pero a este punto estamos enfocados en el quinto sello donde el mes y el año son revelados en Jesucristo, una vez que Jesucristo rompe el quinto sello atreves de sus ciervos, para revelar el tiempo de su llegada por fe. Nosotros somos solo siervos de nuestro Señor en orden para servir la preparación del pueblo de Dios y los que quieran ser instruidos para salvación y vida eterna, este será el fin de esta era y la venidera será eterna así nuestras vidas como un regalo de Dios, y a ese regalo de Dios tenemos que llegar a ser dignos para recibir de aquel que nos amó mucho antes de que todo fuera creado, porque fuimos creados por él y para él.

Apocalipsis 6:[9] *...vi debajo del altar las almas de los que habían sufrido el martirio por causa de la palabra de Dios y por mantenerse fieles en su testimonio.*

Capítulo 09

"La señal de los que adoran en el Templo y Altar"

EL SEXTO SELLO

El sello del Dios vivo que es simbólicamente basado en seis números "1-4-4-0-0-0" como sello se refiere a los seis días en el trabajo de Dios en su creación del mundo, es conocido como el plan de salvación de Dios.

El primer día de la creación fue el día domingo y el cuarto día en la secuencia de los cuatro seres vivientes es el día 24, también el mismo día que fue domingo, los cuatro seres vivientes también representan los mil años que en sello solo cubrían el cuarto día de separación por la luz en creación y el cuarto día de separación en creación termina en domingo también.

Ahora como podemos ver, las Santas Escrituras escritas en profecía no fueron escritas para leer literalmente, ya que en simbolismo y doble sentido en respetuosa representación la creación del ser humano fue escrita en siete sellos, una vez que Dios da el pergamino abierto ya no con sellos, lo da por medio de la voz de arcángel a sus siervos (que representan al Cordero), así se revela el designio secreto de Dios, pero es importante porque en los sellos se revela el día del principio pero aún más importante porque no solo se revela el día del fin, también se revela la exacta hora del fin y esto acontece para estar preparados, Dios no nos dejaría en esos días sin luz en el camino.

Guardar la verdad que está en Dios. El sexto sello que es 144,000 es el número de los siervos de nuestro Dios porque este les pertenece, <u>pero no es la suma de cuántos de ellos son.</u>

El 144,000 revela el sexto día de la creación y el sexto día revela en conclusión **el principio** del día domingo 24 y **el fin** del día Viernes 65, que revela en secuencia de cuatro días en dos sentidos antes del domingo (21, 22, 23 y **24**) y antes del sábado (62, 63, 64 y **65**) en los cuales se encuentra el viernes 23, cuando nuestro señor fue crucificado (el Cordero). Así revela el día en que nuestro Señor venció la muerte descubriendo quien es nuestro Padre celestial y el creador de todo ser viviente, físicamente y espiritualmente, en el principio del domingo en su resurrección y como fin del viernes en nuestra resurrección así los seis días del trabajo de Dios se terminan y simbólicamente están sellados así; "**Domingo en la mañana=1-4-4-0-0-0=Viernes en la noche**"

2 Pedro 3:[8] *Pero no olviden, queridos hermanos, que para el Señor un día es como mil años, y mil años como un día.*

El significado del sexto sello es este; El 144,000 es el sexto sello que se refiere como la ciudad santa en cuadrado (literalmente) por los cuatro seres vivientes que refieren los cuatro vientos de la tierra y son los cuatro sellos rotos que seguidamente descubren el quinto sello como la tierra junto con el sexto como los mil años que ya rotos descubren el día que se reconstruyo el templo de Dios que es el cuerpo de nuestro señor Jesús ya mencionado en el libro de Hageo como el día domingo y proféticamente siendo el día (24) el día que nuestro Señor resucito del sepulcro, es el sello del Dios vivo pues al ser abierto el sexto sello se revela el nombre de Jesús como el Dios vivo.

Apocalipsis 6:[12] *Vi que el Cordero rompió **el sexto sello**…*

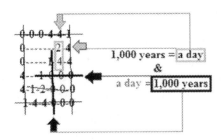

Ahora después del sexto sello ya abierto que da a conocer los seis días del trabajo de Dios en creación como un solo día en el principio.

Se muestra el mes y el año en la revelación que se le dio a Juan ya escrito en el libro de apocalipsis y concierne cuando termina el sexto día "Viernes" antes del día de reposo que será el sábado y séptimo día en creación.

Por ahora estamos enfocados en el sexto sello, las señales que le siguen después de que el sexto sello se abre son las señales del mes, el año y lo que le sigue como un gran terremoto al perderse los cuatro puntos cardinales de la tierra así como su eje, en esto se refiere a las islas que se mueven de su lugar, así como literalmente está escrito que las estrellas caerán del cielo.

Apocalipsis 6:[12]*...y se produjo* **un gran terremoto***...*

Al enfocarnos en el mes y el año se nos dan dos señales, pero antes tendré que explicarles un poco del calendario lunar pues el calendario hebreo está basado en las fases lunares, aun las festividades judías son parte de nosotros, pues son festividades impuestas por Dios mismo a el pueblo de Israel el cual por fe pertenecemos a la tierra prometida.

Habrá un eclipse solar en el cual comenzara el nuevo año Judío y esta es solo la señal del año y su nuevo mes, cuando el sol se oscurezca y la luna ya no de su brillo, representa claramente a **un eclipse Solar,** así está escrito por el apóstol Mateo de las palabras de Jesucristo mismo;

Mateo 24: [29] *»Inmediatamente después de la tribulación de aquellos días,*

» ***"se oscurecerá el sol***
    y no brillará más la luna;
las estrellas caerán del cielo
    y los cuerpos celestes serán sacudidos".

En el mismo capítulo veinticuatro pero el verso treinta Jesús llamó a la luna tornándose roja como de sangre *"La señal del hijo del hombre"* en esto se refiere a la luna cuando se torna roja como la sangre, quince días después del año nuevo y primer mes Judío, ya que acontecerá antes de la llegada de Dios. Después de ese acontecimiento llegara el día del Señor, día grande y terrible.

Mateo 24: [30] *»La señal del Hijo del hombre aparecerá en el cielo, y se angustiarán todas las razas de la tierra. Verán al Hijo del hombre venir sobre las nubes del cielo con poder y gran gloria.*

Después de estos acontecimientos, Jesucristo mismo explica que toda la gente en la tierra llorara al ver al hijo del hombre sobre las nubes del cielo. Estas son las señales de en los cielos y ellas refieren a la llegada de Dios.

ECLIPSE SOLAR Y ECLIPSE LUNAR

He aquí otro capítulo que explica las mismas señales escritas en las Santas Escrituras, La señal del hijo del hombre en un diferente punto de vista, esto en el libro de Joel:

Joel 2: [31] **El sol se convertirá en tinieblas**
    y la luna en sangre
antes que llegue el día del Señor,
    día grande y terrible.

El sol es señal del año y la luna es señal del mes, la luna que se vuelve roja como la sangre es la señal de la semana final, antes del gran día del Señor, estas son las señales en los cielos, pero las señales bajo los cielos son *"sangre fuego y columnas de humo"* y representan una gran guerra de ejércitos que devoraran toda la tierra, estas señales llegaran con los días finales, es necesario que sepan esto y estén preparados para saber esperar el fin, el cual es el que fue escrito antes del principio.

Una vez más, aquí se menciona el eclipse lunar y la luna cuando se torna roja, ya siendo señales de los cielos, este acontecimiento también esta repetido en el libro de hechos dicho por el apóstol Pedro a los judíos que vivían en Jerusalén el día en que se celebraba la fiesta pentecostés. Pedro hablando de las señales de los cielos y las señales en la tierra, hablo del día del Señor como un gran y glorioso día y en el libro de Joel está escrito el día del Señor como grande y terrible.

Cuando Dios rompe el sexto sello atreves de sus siervos, se revelan las señales de su llegada, en el libro de Juan el cual es el libro de Apocalipsis. Las señales en los cielos refieren una vez más en las Santas Escrituras como el sol oscureciéndose como si se hubiera vestido de luto se refiere a el eclipse lunar, no se menciona la luna cuando se pone toda obscura porque la señal de la luna se explica en seguida en otro nuevo prospecto el cual es cuando la luna se torna toda roja como de sangre, las profecías siempre se escribirán como ya acontecidas, pero su cumplimiento en entendimiento es parte de las promesas de Dios, sin fe, no entenderán ni aun teniendo todas las respuestas en Jesucristo nuestro Señor.

LA TIERRA PIERDE SUS CUATRO EJES CARDINALES DE SU LUGAR

En los siguientes versos se explica cómo los cuatro vientos también cuatro puntos cardinales se pierden de su eje en la tierra después junto con las señales del sol hay un eclipse solar como el año lunar en calendario hebreo y la luna tornándose roja como de sangre en la semana lunar, las estrellas cayendo del firmamento hacia la tierra, como higos verdes de la higuera sacudida por el vendaval, así explica por qué las estrellas del cielo caen hacia la tierra. La higuera solo es una representación después del sexto sello roto, los siguientes versos son versos bíblicos que hablan en literalidad, a diferencia del capítulo siete, pues el capítulo siete en el libro de apocalipsis explica lo mismo de los primeros versos por ser parte del sexto sello pero en simbolismo y espiritualidad.

*Apocalipsis 6:[12]... **El sol se oscureció como si se hubiera vestido de luto, la luna entera se tornó roja como la sangre,** [13] y las estrellas del firmamento cayeron sobre la tierra, como caen los higos verdes de la higuera sacudida por el vendaval. [14] El firmamento desapareció como cuando se enrolla un pergamino, y todas las montañas y las islas fueron removidas de su lugar.*

Los cuatro ángeles representan a un círculo de cuatro lunas rojas cuando se tornan como de sangre, son cuatro ángeles pero se refieren a las cuatro lunas, porque la luna tornándose roja como de sangre está basada en un círculo de cuatro lunas. Este es un mensaje para todas las naciones y son buenas noticias de los siete truenos. Son señales que revelan la llegada de nuestro Señor con las nubes del cielo.

Así como los cuatro ríos escritos en el libro de Génesis son llamados: el primero Pisón, el segundo Guijón, el tercero Tigris y **el cuarto Éufrates.** Pues así será la señal del hijo del hombre cuando aparezca en el cielo. Esta es la razón por la cual los cuatro ángeles están atados a la orilla del gran rio Éufrates, simbólicamente porque siendo el rio Éufrates el cuarto rio escrito proféticamente en el libro de Génesis, así será la señal del hijo del hombre, en el cielo, es la cuarta luna cuando se torna roja como de sangre.

Ahora, en referencia al capítulo siete del libro de Apocalipsis, espiritualmente los cuatro ángeles representan las cuatro lunas que se tornan rojas como de sangre, las cuatro lunas detienen los cuatro vientos de la tierra para que no se desaten sobre la tierra, el mar y los árboles. Espiritualmente los cuatro cuernos del altar de oro representan los cuatro vientos de la tierra, y el altar de oro representa la tierra por su significado literal en ella.

Una vez que la cuarta luna que se tornara roja como de sangre, para entonces, será la señal del hijo del hombre, y solo será cuestión de días antes de el gran día del Señor para que se cumpla toda profecía;

- Cuando Dios aparezca en el cielo ya en cumplimiento de toda visión, entonces cada uno de ustedes reconocerá nuestro Padre celestial, porque el hijo se sentara a la derecha de él, y ustedes hijos e hijas de Dios representan al hijo de Dios aquí en la tierra, la victoria sobre los enemigos de Dios, él nos dio la victoria el día en que fue sacrificado y el día en que fue resucitado del sepulcro, el cual es su autoridad, autoridad que vive en nosotros en Cristo Jesús, él nos resucitara en el Día final pero los que estén vivos Jesucristo los tomara al cielo y junto con todos en creación y así será la conclusión de la creación.

<u>Con voz de mando, con voz de arcángel y con trompeta de Dios</u>, así será la resurrección final.

*Apocalipsis 7: Después de esto vi **a cuatro ángeles** en los cuatro ángulos de la tierra. Estaban allí de pie, deteniendo los cuatro vientos para que éstos no se desataran sobre la tierra, el mar y los árboles. [2] Vi también a otro ángel que venía del oriente con el sello del Dios vivo. Gritó con voz potente a **los cuatro ángeles** a quienes se les había permitido hacer daño a la tierra y al mar: [3] **«¡No hagan daño ni a la tierra, ni al mar ni a los árboles, hasta que hayamos puesto un sello en la frente de los *siervos de nuestro Dios!»** [4] Y oí el número de los que fueron sellados: 144,000 de todas las tribus de Israel.*

Después de que el sexto sello que son los seis días de la creación y se entienda como el primer día de la creación, se explica que ese fue el principio y el fin de la creación acerca del Cordero, después se descubre el fin en creación "Sábado" cuando el Señor venga por nosotros en las nubes del cielo será el último día de creación "Viernes" y aunque el sábado es de descanso por ser el último día de los siete también cuenta como el último día de la semana, en creación el séptimo. Es así como estaremos con nuestro Señor, porque Jesús es nuestro Señor de Señores y es nuestro Rey de reyes pues nosotros seremos reyes con él, con coronas de vida eterna, Amen.

La gran multitud vestida de blanco representa todos los del pueblo de Dios en la última resurrección, también todos los que estemos vivos seremos transformados en un abrir y cerrar de ojos, de igual manera que los muertos en Cristo Jesús resucitaran en ese mismo instante, será cuando la mortalidad se vista de inmortalidad.

La gran multitud después de haberse vestido de blanco, Dios el Señor la tomara hacia el cielo con su gran poder y gran gloria en presencia de sus enemigos, estarán delante del trono que es el cielo, delante del Cordero quien es Dios, y le servirán de día y de noche. Salieron de la gran tribulación, y blanquearon sus ropas con la sangre del cordero y así vencerán.

Apocalipsis 7: [9] *Después de esto miré, y apareció una multitud tomada de todas las naciones, tribus, pueblos y lenguas; era tan grande que **nadie podía contarla**. Estaban de pie delante del trono y del Cordero, vestidos de túnicas blancas y con ramas de palma en la mano.*

El entendimiento de a quien le servimos y en quien esta puesta nuestra fe, nos da a conocer que Dios es todo en todo, y sin fe no es posible agradarle a él, así tengan toda profecía en entendimiento, pero si no tienen amor, de nada les servirá. Sean fuertes, no se dejen caer por su orgullo, sean humildes y busquen el perdón de Dios, porque aún los siervos de Dios siendo limpios de pecado consideraban que el buscar de su rostro continuamente era necesario para continuar en su amor, ya sea que se consideren limpios, busquen de Jesucristo fielmente, séanle fiel como una hermosa novia esperando a su novio para así ser llevada con él, así de fiel tiene que ser la iglesia, porque el cumplirá todas sus promesas, independientemente de cada uno no deben fallar la prueba.

Capítulo 10

"LA ULTIMA HORA"

EL SEPTIMO SELLO

El sexto sello "**144,000**" revela el sexto día <u>de la creación</u> "Viernes", y representa el primer día del principio "**24**" porque en los siete días de la creación se revela el sábado como el séptimo día <u>en creación</u>, aunque sábado no fue día de creación y es de descanso, es en creación el séptimo y el ultimo de la semana en creación. Y porque en los siete días de la creación se revela en el séptimo día como sábado ya no es necesario que el séptimo sello revele el sábado, pues en el séptimo sello revela la hora final.

El séptimo sello está basado en siete números, "20-[**0,000,000**]" Una vez que se rompe el séptimo sello en Jesucristo nuestro Señor y también Padre celestial, nos revela la hora de su llegada, con solo un objetivo, el ser fieles en la espera.

Aquí en los siete sellos se encuentra la hora, el día, el mes y el año. Nosotros, como sus siervos, somos como instrumentos para preparar a nuestra familia santa con la instrucción de Dios.

Juan 11: [9] *— ¿Acaso el día no tiene doce horas? —respondió Jesús—. El que anda de día no tropieza, porque tiene la luz de este mundo.* [10] *Pero el que anda de noche sí tropieza, porque no tiene luz.*

Siendo 12 horas de día y 12 horas de moche las que conforman el día completo de 24 horas, aquí están los siete sellos y este es el séptimo sello y más media hora que se revela también en la misma hora cuando el gran terremoto acontecerá después de la llegada de Dios cuando todo ojo lo vea, esa es la razón por la cual el séptimo sello se refiere también a **los siete ojos del cordero** los cuales son los que ven todo esto acontecer y aún la llegada del cordero por su novia (la iglesia) así mismo los siete ojos ven la hora final cumplirse

Apocalipsis 1:[7] ¡Miren que viene en las nubes!
   Y todos lo verán con sus propios ojos,
   incluso quienes lo traspasaron;
y por él harán lamentación
   todos los pueblos de la tierra.
¡Así será! Amén.

Así se revela lo hora final en completa revelación a la Nueva Jerusalén;

Apocalipsis 8:[1] Cuando el Cordero rompió **el séptimo sello**…

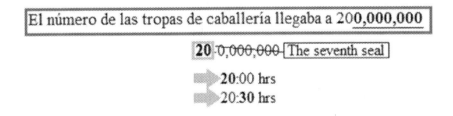

Apocalipsis 8:[1]…hubo silencio en el cielo como por **media hora.**

Después de entender el séptimo sello, hay siete trompetas para que los siervos de Dios las toquen para preparar a la ciudad santa de lo que está apunto de acontecer antes que acontezca la hora.

En "Nuevo Año Hebreo" los siete ángeles que sonaran las siete trompetas representan los dos testigos que estarán de pie en la presencia del Señor de la tierra a su llegada, también conocidos como los dos pillares de fuego.

Pero primero las trompetas sonaran como advertencias para los habitantes de la tierra y esto será para la ciudad santa preparación para ser vestidos de blanco en bautizo y arrepentimiento en el nombre de Jesucristo, nuestro único Salvador.

Apocalipsis 8: [2] *Y vi a los siete ángeles que están de pie delante de Dios, a los cuales **se les dieron siete trompetas.***

A su nombre es, será y sea **la Gloria.**

Capítulo 11

Los Diez Días De La Gran Guerra

EL PRIMER ¡AY!-DIEZ DIAS

Las siete trompetas no tienen una secuencia cronológica. Las siete trompetas están en un orden de cuatro fases, la primera fase es llamada "**El primer ¡ay!**" la segunda fase es llamada "**El segundo ¡ay!**" la tercera fase es llamada "**El tercer ¡ay!**" y "**La tercera parte**" y es parte del tercer ¡ay! Tomando en cuenta este orden, tu entenderás las siete trompetas, porque los siete sellos mantienen la hora final, pero después le siguen en señales las siete trompetas. Primero la quinta trompeta revela los últimos 10 días antes del fin, la sexta trompeta revela los últimos tres días y medio antes del fin, la séptima trompeta revela la hora final de los diez días con sus tres días y medio entonces vendrá el fin con las cuatro trompetas llamadas así como "**la tercera parte**" y son parte de "**El tercer ¡ay!**"

Apocalipsis 8: [13] *Seguí observando, y oí un águila que volaba en medio del cielo y gritaba fuertemente: «¡Ay! ¡Ay! ¡Ay de los habitantes de la tierra* **cuando suenen las tres trompetas** *que los últimos tres ángeles están a punto de tocar!»*

74

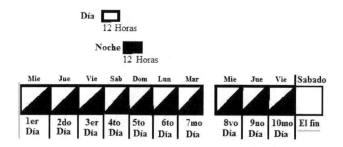

El reino celestial está en la tierra y satanás está también en este mundo y como plantas buenas y plantas malas todos estamos en la tierra por igual, el reino celestial será tomado al mismísimo cielo por Dios mismo en poder y gloria, para ese entonces será el fin de satanás. Pero antes de eso se desatara una guerra en el cielo, cuando Miguel y sus ángeles luchen contra el dragón, el dragón y sus ángeles responderán, pero el dragón no será suficientemente fuerte, así el dragón y sus ángeles perderán su lugar en el mismísimo cielo y se representa cuando Satanás y sus ángeles caen del cielo. Después de que la verdad se aparte del dragón, saldrá a engañar a las naciones para hacer guerra contra el Jinete sentado en el caballo blanco y su ejército, el cual el jinete es nuestro Señor Jesucristo y la tribu de Judá el caballo blanco. Esto lo hará satanás porque sabrá que le queda poco tiempo. En el libro del apóstol Lucas capitulo diez verso dieciocho está escrito como nuestro Señor vio a satanás caer del cielo como rayo a la tierra, está escrito literalmente pero nuestro Señor Jesús se refería a la simbólica representación de que satanás tenía un lugar en el cielo y habla de la salvación en el día final, pero así como está escrito en el libro de Apocalipsis en la quinta trompeta se refiere a que al comenzar el primer de los últimos diez días (figurativamente como 150 días o 5 meses) el al caer a la tierra tiene la llave que abrirá el abismo siendo el mismo el ángel del abismo (Destructor). Pero al fin de los últimos diez días y sus tres días y medio, será aventado al lago de fuego que es la segunda muerte y ya no existirá más la maldad.

Lucas 10: [18] *—Yo veía a Satanás caer del cielo como un rayo —respondió él—.* [19] *Sí, les he dado autoridad a ustedes para pisotear serpientes y escorpiones y vencer todo el poder del enemigo; nada les podrá hacer daño.* [20] *Sin embargo, no se alegren de que puedan someter a los espíritus, sino alégrense de que sus nombres están escritos en el cielo.*

<u>Satanás es el ángel del abismo y la Estrella que cae del cielo a la tierra</u>, se le da el poder como una llave para abrir las puertas del abismo, esto lo hace el destructor (Apollión).

Apocalipsis 9:[1] *Tocó el quinto ángel su trompeta,* **y vi que había caído del cielo a la tierra una estrella,** *a la cual se le entregó la llave del pozo del abismo.*

Cuando abrió el abismo "el cual literalmente es un abismo pero con puertas" salió el destructor, estas puertas guardan la destrucción de ciudades pues el destructor es claramente un líder de ejércitos como de langostas y proféticamente el humo que cubre el sol es porque esas puertas fueron abiertas junto con el comienzo de una guerra de 10 días y sus noches sobre Israel y con sus cuatro días y sus noches sobre toda la tierra, esto dividirá la humanidad, dividirá al cielo del infierno así los que están en el paraíso no pueden cruzar al infierno ni los que están en el infierno pueden cruzar al paraíso. Cuando el abismo sea abierto por el rey Apollión que es el destructor y es el ángel del abismo y tiene el poder de abrirlo, siendo el ángel destructor, el destructor hará su aparición primero en Jerusalén, esta revelación profética está basada en los 10 últimos días antes de que sea el fin de la era, los 10 últimos días están simbólicamente representados como 150 días que son 5 meses, pero en revelación solo revelan <u>proféticamente</u> **10 días.**

Apocalipsis 9: [5] *No se les dio permiso para matarlas sino sólo para torturarlas* **durante cinco meses.** *Su tormento es como el producido por la picadura de un escorpión.*

Los 5 meses son de 150 días de una gran guerra, pero la respuesta de la quinta trompeta representa solo 10 días en el libro de Apocalipsis.

Apocalipsis 9: [10] *Tenían cola y aguijón como de escorpión; y en la cola tenían poder para torturar a la gente* **durante cinco meses.**

En el libro de génesis esta gran Guerra de 10 días sobre la faz de la tierra es simbólicamente como la gran inundación hablando del arca de Noé, la inundación durara 150 días, pero el juzgado ya no es de agua, es de fuego. En el libro de Génesis esta proféticamente escrito como 150 días para sellar los últimos diez días del fin. La gran inundación es importante en gran manera para entender el significado profético de la gran guerra que se acerca y devorara toda la tierra.

Génesis 7: [24] **Y la tierra quedó inundada 150 días.**

Una vez más se repiten los 150 días, su significado es lo que durara la gran inundación pero cabe recordar que solo durara 10 días.

Génesis 8: [3] *Poco a poco las aguas se fueron retirando de la tierra. Al cabo de* **150 días** *las aguas habían disminuido.*

Noé hizo todo de acuerdo con lo que el *Señor* le había mandado. [6] **Tenía Noé 600** años de edad cuando las aguas del diluvio inundaron la tierra.

Noé tenía 601 años cuando las aguas se secaron. El 1er día del 1er mes de ese año, Noé quitó la cubierta del arca y vio que la tierra estaba seca y en simbolismo representan la salvación de los 7 (Noé y su esposa) y sus 3 hijos con sus esposas que en simbolismo representan los 10 días de la gran guerra y al final de los Diez días representa el principio de eternidad para Noé y su familia la cual es toda la creación de Dios.

En el libro de Daniel la visión que concierne el sacrificio diario, la rebelión que causa desolación, de la entrega del santuario y de la humillación del ejército. La gran guerra de los 10 días fue dada a entender en el libro de Daniel pero en diferente profético lenguaje. La profecía de los diez días fue dada como 2,300 días y noches, pero en días completos sin que se dividan en días y noches la señal es 1,150 días completos, ahora el número "**2**" en los **2,300** se refiere "**días y noches**" y el numero "**1**" en los **1,150** refiere "**Días completos**". En base a las señales de los 2=días y noches, y a 1=día completo, solo quedan los 150 días que en el libro de Génesis acerca de la gran inundación de agua sobre la faz de la tierra, y en el libro de Apocalipsis acerca de la gran guerra de fuego que devorara por completo la tierra, se explica en el libro de Daniel los 150 días también como cinco meses, pero este sello de la quinta trompeta es quitándole el número cinco **10 días**, en las trompetas los sellos serán diferentes para descubrir los días.

Daniel 8: [14] *Y aquel santo me dijo: "**Va a tardar 2,300 días con sus noches.** Después de eso, se purificará el santuario."*

En el libro de Apocalipsis los 150 días refieren la gran inundación, así como son los 2,300 días y noches revelados por las palabras de Dios proféticamente en Daniel y Génesis. Ahora en el libro de Apocalipsis esta información concierne los últimos 10 días antes del fin de la era.

En la gran persecución que se avecina en los últimos 10 días antes del fin, nuestro señor Jesucristo nos advierte de estas cosas y nos dice que no tengamos miedo de lo que todos sufriremos, nos dice que algunos seremos llevados a la cárcel para ser probados, y que todos sufriremos persecución por 10 días, pero nos reconforta diciéndonos que seamos fieles y que no tengamos miedo ni aun a la misma muerte pues él al final de esos 10 días nos dará la corona de la vida que es la eternidad en el paraíso de Dios. Por esta razón nos habla en las siete cartas que se mandan a los siete continentes, para todas las iglesias que están en los siete continentes, los ángeles son siervos de Dios y como mensajeros en los siete continentes testifican las palabras que nuestro Señor nos da antes de su cumplimiento. Pero enfocarnos en la quinta trompeta para un completo entendimiento es necesario.

Apocalipsis 2: [10] *No tengas miedo de lo que estás por sufrir. Te advierto que a algunos de ustedes el diablo los meterá en la cárcel para ponerlos a prueba, y **sufrirán persecución durante 10 días.** Sé fiel hasta la muerte, y yo te daré la corona de la vida.*

En el libro de Jeremías está claro como por el espíritu de Dios Jeremías profetiza acerca de los 10 días antes del fin de la era y esto se repite en sello como los 70 años, pero los 70 años no se cuentan cómo años sino como días y en la señal solo cuenta la cronología de los cuatro últimos días que son; 62, 63, 64 y el viernes 65, día final de creación antes del día final en creación que es el día séptimo y de descanso "Sábado". Y explica en el libro de Jeremías que habrá una gran destrucción en Jerusalén y que todo extranjero que viva en Jerusalén y que tenga el sello del Dios vivo en su frente que es el 144,000 el cual les revela el nombre del Dios vivo, deberán regresar a sus propias tierras, por la destrucción que se acerca del norte de Jerusalén y a Jerusalén. Estas son señales para estar preparados y esto es protección para el pueblo de Dios, y que tan pronto llegues a entender tu no deberás estar en Jerusalén en esos días de ira de Dios, que se dará lugar sobre el desierto entre los mares y el Santo monte "Sion" ahí será el Armagedón, porque está escrito donde grandes ejércitos extranjeros se establecerán para atacar a la gran ciudad llamada espiritualmente; Babilonia, también llamada Egipto y Sodoma, pero se revela que es donde nuestro Señor fue crucificado, porque está escrito esto acerca del Armagedón, Gog y Magog, el profeta Daniel escribió conforme al espíritu santo en él;

Daniel 11: [45] **Plantará su campamento real entre el mar y el bello monte santo***; pero allí le llegará su fin, y nadie acudirá en su ayuda.*

En las Santas Escrituras todo lo escrito tendrá su cumplimiento, pero esto será antes del fin de la era, y apunta a Jerusalén como el centro de una gran Guerra, y persecución sobre la faz de la tierra, a esto se refiere a algo realmente fuera de control, y así como escribió el profeta Jeremías en su libro, por el espíritu de Dios.

Jeremías 6:[1]*» ¡Huyan de Jerusalén, benjaminitas! ¡Toquen la trompeta en Tecoa! ¡Levanten señal en Bet Haqueren! Una desgracia, una gran destrucción, nos amenaza desde el norte.*

En el libro del profeta de Dios, Zacarías, se refiere a Jerusalén como parte de la tierra del norte, es entendible porque esto es un lenguaje espiritual y claro para llamarnos fuera de la tierra del norte para la seguridad del pueblo de Dios, es también donde el rey del norte llegara a luchar contra el rey del sur, el rey del norte se remarca en el libro de Daniel por su gran arsenal de barcos. Dios nos dio entendimiento de esos diez últimos días para que esperemos el fin y conclusión de las cosas con esperanza.

Zacarías 2: [6] *» ¡**Salgan, salgan! ¡Huyan del país del norte!***—afirma el SEÑOR—. » ¡Fui yo quien los dispersó a ustedes por los cuatro vientos del cielo! —Afirma el SEÑOR—.*

Este mensaje debe ser proclamado con alegría, porque hay un tiempo preciso para que todo este problema llegue a su fin, y todo esto es para la liberación y salvación de todos aquellos que están gravados sus nombres en el libro de la vida, el libro del cordero, aun cualquiera que clame en el nombre del Señor será salvo. Por esto el mensaje es para proclamar con gritos de alegría, para escapar de la destrucción de Babilonia así como fue por el rey Darío (un medo por descendencia) y como fue el escape de Lot de la destrucción de Sodoma y Gomorra y como cuando Israel salió de Egipto y escapo de la ira del Faraón, pero en festividades y como ejemplos proféticos de Dios mismo, así será en los últimos días, para darle lugar a el último día de la creación que será el sexto día, "Viernes" antes del último día en creación que será el séptimo día, "Sábado".

Isaías 48: [20] *¡Salgan de Babilonia! ¡Huyan de los caldeos! Anuncien esto con gritos de alegría y háganlo saber. Publíquenlo hasta en los confines de la tierra; digan: «El Señor ha redimido a su siervo Jacob.»*

Ahora en el libro del profeta Jeremías, este suceso esta simbólicamente explicado cómo la gente del pueblo de Dios deberán decirse unos a otros como profecía para su cumplimiento antes de que los 10 días comiencen y terminen sobre Babilonia en sentido espiritual.

Jeremías 51: [9] *» "Quisimos curar a Babilonia, pero no pudo ser sanada; abandonémosla, y regrese cada uno a su país, porque llega su condena hasta los cielos; ¡se eleva hasta las nubes!"*

En el libro del profeta Jeremía esta simbólicamente explicado como los enemigos de Jerusalén hablaran acerca del ataque que preparan contra ella, en un profético lenguaje lo revela así;

Jeremías 6: [4] *«¡Prepárense para pelear contra ella! ¡Ataquémosla a plena luz del día! Pero, ¡ay de nosotros, que el día se acaba y se alargan las sombras de la noche!* [5] *¡Vamos, ataquémosla de noche, y destruyamos sus fortalezas!»*

En el libro de Lucas, uno de los apóstoles de Jesucristo nuestro Señor, el escribió acerca de las palabras de Jesús cuando del monte Sion bajo y sentado en un burrito llego a Jerusalén mientras lo recibía Jerusalén en sus puertas antiguas con palmas en sus manos. Y en el capítulo diecinueve dice así, que cuando Jesús vio la ciudad de Jerusalén, el lloro por ella y dijo esto;

Lucas 19: [41] *Cuando se acercaba a Jerusalén, Jesús vio la ciudad y lloró por ella.* [42] *Dijo:*

— *¡Cómo quisiera que hoy supieras lo que te puede traer paz! Pero eso ahora está oculto a tus ojos.* [43] *Te sobrevendrán días en que tus enemigos levantarán un muro y te rodearán, y te encerrarán por todos lados.* [44] **Te derribarán a ti y a tus hijos dentro de tus murallas. No dejarán ni una piedra sobre otra, porque no reconociste el tiempo en que Dios vino a salvarte.**

Jesucristo profetizo en este capítulo con su gran autoridad que la ciudad de Jerusalén será destruida y sus murallas completamente derribadas y en el libro de Mateo explica la total destrucción del temple de Jerusalén y esta será una abominación que causara desolación.

Matthew 24:[1] *Jesús salió del* ***†**templo y, mientras caminaba, se le acercaron sus discípulos y le mostraron los edificios del templo.* [2] *Pero él les dijo:*

— **¿Ven todo esto? Les aseguro que no quedará piedra sobre piedra, pues todo será derribado.**

Esta es la razón por la cual tienen y deben estar preparados, porque los últimos 10 días refieren a una gran guerra, pero tu estarás de pie, y te pido que no seas orgulloso y arrogante, más bien se humilde y compasivo, perdona a quien te ofende así como Dios te perdono en su sangre derramada, no seas fácil de enojar no sea que ya tarde y al final te arrepientas de tus acciones a eso, porque al final de esos 10 días, el Señor nos dará la corona de la vida, a sus siervos y a todos los que lo busquen a él. ¿Cuánto precio crees que tiene esa salvación para el ser humano? Pues Jesús la pago con su vida, por eso es nuestro Cristo, que significa, mesías y también nuestro único salvador, fuera de él, no hay hombre terrenal que debas adorar, fuera de él no hay otro dios, y por final de este capítulo, no te olvides de él.

Capítulo 12

Los Tres Días y Una Noche En Vela

El Segundo ¡Ay!

Las siete trompetas no tienen una secuencia cronológica. Las siete trompetas están en un orden de cuatro fases, el primera fase es llamada "**El primer ¡ay!**" la segunda fase es llamada "**El segundo ¡ay!**" la tercera fase es llamada "**El tercer ¡ay!**" y "**La tercera parte**" y es parte del tercer ¡ay! Tomando en cuenta este orden, tu entenderás las siete trompetas, porque los siete sellos mantienen la hora final, pero después le siguen en señales las siete trompetas. Primero la quinta trompeta revela los últimos 10 días antes del fin, la sexta trompeta revela los últimos tres días y medio antes del fin, la séptima trompeta revela la hora final de los diez días con sus tres días y medio entonces vendrá el fin con las cuatro trompetas llamadas así como "**la tercera parte**" ya que son parte de "**El tercer ¡ay!**".

"**El Segundo ¡Ay!**" teniendo en mente el orden de los tres ¡ay! Será claro entender las secuencias de las siete trompetas, el segundo ¡Ay! es también la sexta trompeta. La sexta trompeta refiere los últimos tres días y medio. Pero tiene tres representaciones en las Santas Escrituras así como en el libro de Apocalipsis;

La primera representación refiere al profeta Elías cuando les profetizo a los Israelitas los tres años y medio que no llovería en la tierra de Israel y en esa forma el derribo a los cuatrocientos profetas de Baal, al llamar en el nombre del Señor, y así como Elías profetizo por medio del espíritu santo, y Elías al orar frente a los cuatrocientos profetas de Baal, Dios mando lluvia en la tierra de Israel después de tres años y medio.

La segunda representación es cuando José fue avisado en sueños para que se fuera de Belén tomando a María y su hijo para salir rumbo a Egipto, porque el rey Herodes estaba buscando a el niño para matarlo, y ellos se quedaron en Egipto por un periodo de tres años y medio, ya después de la muerte de Herodes, también se le aviso en sueños que regresara a Jerusalén pues Herodes quien buscaba la muerte del niño ya había muerto, y José tomo a maría, su esposa y a su hijo regresando a Nazaret, ya que por esta razón fue profetizado que le llamarían Nazareno.

La última representación es tres años y medio son sellos en el libro de Apocalipsis, son basados en profecía y siendo los tres años y medio pero en meses son 42 meses y en días son 1,260 días, pero proféticamente representado en el libro de Apocalipsis solo cubren el verdadero significado que por resultado final son "**Tres días y medio**" pero así como el día tiene doce horas y la noche tiene 12 horas, así se refiere a tres días de 12 horas más 12 horas de noche que es la mitad de un día "**Tres días y una noche**".

El Segundo "**¡ay!**" revela los últimos tres días y medio antes de que nuestro Señor aparezca en el cielo y todo ojo lo vea llegar con gran poder y gran Gloria. Esta es la sexta trompeta.

Apocalipsis 9: [12] *El primer ¡ay! ya pasó, **pero vienen todavía otros dos.***

El sexto ángel es el segundo "**¡ay!**" y es el ángel del Señor, el que desata a los cuatro ángeles que están atados en el gran rio Éufrates, esta revelación concierne a las cuatro lunas que se tornan rojas como de sangre, y pasa cuando los cuatro ángeles (una cronología de cuatro lunas rojas como de sangre) fueron liberados los cuatro ángeles. Así como están a la orilla del gran rio Éufrates y Éufrates es el cuarto rio, así será la señal de la cuarta luna. En la hora y el día son la señal del **mes y el año**. El cumplimiento de esta revelación es llamada "**El tercer ¡Ay!**"

Los cuatro cuernos del altar de oro son los cuatro vientos de la tierra y el altar de oro representa la tierra, la voz escrita en el libro de

Apocalipsis es de nuestro Señor Jesús, será el juzgado sobre la tierra por la sangre de Abel.

Cuando se menciona "**Una tercera parte**" se refiere a las últimas cuatro trompetas basadas y comienzan al final del tercer ¡ay! Pero solo son parte del orden real de las trompetas y refiere a destrucción total, pero solo como juzgado sobre a faz de la tierra.

Apocalipsis 9: [15] *Así que* **los cuatro ángeles** *que habían sido preparados precisamente para esa* **hora, y ese día, mes y año,** *quedaron sueltos para matar a la tercera parte de la humanidad.*

Pero no hemos llegado a esa parte y es mejor enfocarnos en el segundo ¡ay! Que también es la sexta trompeta y está llamada trompetica está basada en la proclamación y **el testimonio de tres días y medio.**

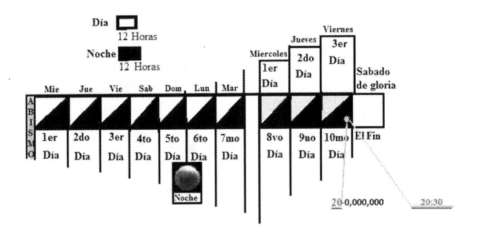

La visión del ángel con el pequeño pergamino refiere a la llegada de Jesucristo, la visión tiene varias representaciones.

Cuando nuestro Señor aparezca en el cielo con las nubes del cielo, será un evento que concierne a la creación y este es el significado de la cintura a la cabeza en la visión del ángel poderoso. Y el arcoíris en su cabeza se refiere a la gloria del señor que resplandece como su ser así como al final de los días la promesa de no más juzgado de agua que en literalidad es fuego así como salvación y juicio. Su rostro es como el sol y en la aparición el sol en creación ocurre la separación, la luz de la obscuridad, luz es vida, y esto es resurrección en creación del ser humano.

Las piernas del ángel poderoso en esta visión representa a los sirvientes de Dios, y todos quienes son victoriosos en su nombre, cuando nuestro Señor aparezca en el cielo es también simbólico lenguaje así el templo es nuestro Señor, él es la puerta abierta en el cielo, la puerta estará abierta para entrar en el paraíso de Dios (el lugar santísimo) que es el mismísimo cielo, porque él lo ha dicho y está escrito que nosotros seremos los dos pilares de pie frente a Dios de la tierra que será su cuerpo en el cielo (el templo en el cielo);

Apocalipsis 3:[12] **Al que salga vencedor lo haré columna del templo de mi Dios, y ya no saldrá jamás de allí.** *Sobre él grabaré el nombre de mi Dios y el nombre de la nueva Jerusalén, ciudad de mi Dios, la que baja del cielo de parte de mi Dios; y también grabaré sobre él mi nombre nuevo.*

Ahora en las siete cartas a la siete Iglesias, nuestro Señor se refiere a sí mismo como una segunda y tercera persona, porque él dice en el libro de Apocalipsis capítulo 2 versículo 28; **"también le daré la estrella de la mañana"** pero nosotros sabemos que él es la estrella de la mañana como él dice en el libro de Apocalipsis en el capítulo 22 versículo 16; **"Yo soy** la raíz de y la descendencia de David y **la estrella brillante de la maña"** en la señal de la llegada de Dios. Y nosotros sabemos quién nos dará la corona de la vida también, esto lo refiere nuestro Señor en el libro de Apocalipsis capítulo 2 verso 10; *"... **Y yo** te daré la corona de la vida".*

En la venida de Dios la resurrección final ocurrirá y los muertos en Dios primero se levantaran del polvo de la tierra, en esto se refiere el cumplimiento de las Santa Escrituras revelado en el libro de Génesis, como está escrito. Y así cuando los muertos en cristo se levanten primero, ellos serán como dos pillares de fuego, el fuego se refiere al juzgado de Dios sobre los habitantes de la tierra al cumplirse la precia de la resurrección final, porque los habitantes de la tierra verán a los muertos en cristo levantarse de entre los muertos y será como castigo para los corazones incrédulos que no creyeron esta promesa de corazón. Los dos pillares de fuego representan los siervos de Dios, pero se representan como dos pillares de fuego, cuando aparezca el templo en el cielo, los dos pillares que lo sostienen estarán de pie frente a él en la tierra, para así estar de pie frente a el templo que es Dios mismo.

Recuerda que la visión del ángel proféticamente representa la llegada de Dios con las nubes del cielo, en la visión del ángel de la cintura para arriba representa el cuerpo de Dios y el templo también, la nube con la que está envuelto es el trono de Dios que representa el cielo. En la visión del ángel, de la cintura para abajo que son sus piernas como pillares de fuego representan a los ciervos de nuestro Señor figurativamente llamados los dos pillares y estos en el día de resurrección son los que sostienen el templo cuando aparezca en el cielo, los dos testigos son los cuales encierran una gran señal desde el principio y el hasta el fin de los días de esta era.

Apocalipsis 10:[1] *Después vi a otro ángel poderoso que bajaba del cielo envuelto en una nube. Un arco iris rodeaba su cabeza; su rostro era como el sol, y sus piernas parecían columnas de fuego…*

Esta es la razón por la cual el ángel está de pie sobre el mar y sobre la tierra, porque él es el que grita a los cuatro ángeles en una gran voz (figurativamente) diciendo a los cuatro ángeles que esperen y que no hagan daño ni a la tierra ni al mar hasta que se le haya puesto el sello del Dios en las frentes de sus siervos de Dios, esto acontecerá antes de que Dios venga el Día del juicio, serán preparados y por mandato de Dios serán instruidos y protegidos, pero esto concierne a la fidelidad de los santos en el Señor.

El pequeño pergamino es también llamado "**El pequeño libro**" y es muy importante en el mensaje de Dios para la humanidad, el pequeño libro es el testimonio del cumplimiento de toda profecía y se refiere a la llegada de Dios el día del juicio, el Señor dará el testimonio a su ángel, y el ángel del Señor tendrá el testimonio de las buenas nuevas pero como un librito en su mano testificando de las cosas que están a punto de acontecer, los siervos tendrán que tomar el librito que se encuentra abierto ya sin sellos, esto lo manda Dios mismo, y al tomarlo deberán testificar también para todas las naciones y entonces llegara el fin de la era, El cual se acerca.

Apocalipsis 10:[2] *Llevaba en la mano **un pequeño rollo escrito que estaba abierto…***

Este es el testimonio de las cuatro lunas que se tornan rojas como de sangre, y así como el cuarto rio que es Éufrates así es la señal de los cuatro ángeles que son las cuatro lunas que se tornan rojas como de sangre, la cuarta luna roja es el testimonio de la última semana antes del día del Señor.

Después Dios mismo manda sus siervos que tomen del ángel el pequeño librito que está abierto en la mano del ángel poderoso que está de pie sobre el mar y sobre la tierra, el cual bajo del cielo. Esta visión se cumple cuando los siervos de Dios toman el librito que está abierto ya sin sellos de la mano del ángel que está de pie sobre el mar y la tierra, pues es el uno de los dos que da testimonio de los últimos días, el segundo son los que representan a cristo.

Apocalipsis 10: [8] *La voz del cielo que yo había escuchado se dirigió a mí de nuevo:* **«Acércate al ángel que está de pie sobre el mar y sobre la tierra, y toma el rollo que tiene abierto en la mano.»**

El pequeño libro abierto es como una braza de la mano del serafín, el serafín tomo la braza del altar de oro con unas tenazas, el altar de oro representa la tierra, y el testimonio del día final, esta profecía del pequeño libro se repite proféticamente pero en diferentes formas o simbolismos. La visión del serafín y la braza ardiendo es una profecía escrita por el profeta Isaías;

Isaías 6: [6] *En ese momento voló hacia mí uno de los serafines.* **Traía en la mano una brasa** *que, con unas tenazas, había tomado del altar.* [7] *Con ella me tocó los labios y me dijo: «Mira, esto ha tocado tus labios; tu maldad ha sido borrada, y tu pecado, perdonado.»*

Cuando la braza ardiente toca los labios de los ciervos de Dios se refiere a que en base a ello la culpa de ellos fue olvidada así como sus pecados, completamente. El librito pequeño que está abierto en la mano del ángel poderoso ya sin sellos, en el libro de Apocalipsis, también está escrito proféticamente por el profeta Ezequiel;

Ezequiel 2: [9] *Entonces miré,* **y vi que una mano con un rollo escrito se extendía hacia mí.** [10] **La mano abrió ante mis ojos el rollo,** *el cual estaba escrito por ambos lados, y contenía lamentos, gemidos y amenazas.*

En el libro de Ezequiel, en el libro de Isaías y en el libro de Apocalipsis se refieren del pequeño libro que está abierto, ya sin sellos, que sea comido por los ciervos de Dios, que significa que guarden las promesas proféticas en sus mentes y en las tablas de sus corazones, que las palabras de Dios deben vivir en nuestros labios y nuestros corazones para que sean nuestro deleite, porque el tiempo vendrá para preparar a el pueblo de Dios, Dios guiara a su pueblo santo por medio de su palabra que prometimos seguir y creer, estas palabras bíblicamente son vida y espíritu porque su voz y su espíritu vive en su santo pueblo, este mandato viene de la voz de Dios mismo. Nosotros llevamos su nombre en nuestras frentes y así nosotros vivimos por él y para él.

Jeremías 15:[16] *Al encontrarme con tus palabras, yo las devoraba; ellas eran mi gozo y la alegría de mi corazón, porque yo llevo tu *nombre, Señor, Dios Todopoderoso.*

Después de que los ciervos de Dios escuchen las palabras del pergamino que estaba sellado con siete sellos y sus siete trompetas en su lugar correcto, entonces los ciervos de Dios les es encomendado en mando de profecía como está escrito en el libro de hechos;

Hechos 2: [17] *»"Sucederá que en los últimos días —dice Dios—,* **derramaré mi Espíritu sobre todo el género humano.** *Los hijos y las hijas de ustedes* **profetizarán,** *tendrán* **visiones** *los jóvenes y* **sueños** *los ancianos.*

En el libro de Apocalipsis está claro el mandamiento para los siervos del Señor a profecía acerca de las cosas que están por acontecer escritas en el pequeño libro que está abierto en la mano del ángel poderoso, después de haber tomado el pequeño libro y tomado de él las palabras del Señor como el ultimo mandamiento para escuchar y proclamar;

Apocalipsis 10:[11] *Entonces se me ordenó:* **«Tienes que volver a profetizar acerca de muchos pueblos, naciones, lenguas y reyes.»**

Luego los dos testigos que se refieren a las dos alas de la gran águila por dar testimonio de ese día "Domingo 24", en simbolismo es el testimonio que mantenemos de Jesucristo, de su victoria en el primer día de creación, también los dos testigos representan los dos pillares de fuego que estarán levantados en la presencia del Señor de la tierra, así finalmente los dos testigos se refieren a los siete ángeles que están de pie ante Dios y que tienen siete trompetas entregadas por Dios mismo.

Los dos testigos profetizaran los tres días y medio, esos días fueron sellados en profecía en años como tres años y medio, en meses como cuarenta y dos meses y en días como 1,260 días, pero solo representan tres días y una noche y son los últimos días antes del fin de la era y de la llegada del Señor de la tierra. 10 días son de gran guerra pero terminaran con el fin de los tres días y una noche también. Antes del cumplimiento de los diez días y sus tres días y medio, los días deben ser revelados.

Apocalipsis 11:[3] ***Por mi parte, yo encargaré a mis dos testigos que, vestidos de luto, profeticen durante 1,260 días.»***

Al final de su testimonio los dos testigos serán puestos a muerte, en los días que la señal de los cuatro ángeles que están atados a la orilla del cuarto rio que es Éufrates, señala la última semana, en esos 10 días, la bestia que sale del gran abismo los atacara, los derrotara y los matara. En el libro de Apocalipsis capítulo 11, Dios en las Santas Escrituras nos revela el lugar donde toda profecía tendrá su cumplimiento con los tres días y medio al final, porque los cadáveres de los dos testigos estarán en la calle principal de la gran ciudad—la cual en sentido figurado es llamada Sodoma y Egipto—Donde también nuestro Señor fue crucificado esta es la ciudad de Jerusalén.

De la gran multitud que nadie puede contar y que será tomada de toda gente, tribu, lenguaje y nación el gran día del Señor, por tres días y una noche algunos de ellos estarán viendo sus cuerpos de los dos testigos y se opondrán a que sean sepultados, así lo que está escrito en las Santas Escrituras será cumplido. Pero también los habitantes de la tierra son también el cuarto caballo con su jinete y líder (la muerte), ellos se alegraran y celebraran la muerte de estos dos testigos, porque estos dos profetas estaban atormentando a los que habitan en la tierra, pero para ellos está escrito lo que dijo el apóstol Pablo;

1 Tesalonicenses 5:[3] *Cuando estén diciendo: «Paz y seguridad», vendrá de improviso sobre ellos la destrucción, como le llegan a la mujer encinta los dolores de parto. De ninguna manera podrán escapar.*

El cumplimiento de los tres días y medio y acerca de los dos testigos de Dios, es una profecía que tendrá su cumplimiento en los días exactos en el lugar exacto, y esto concierne la hora de liberación del pueblo de Dios, porque lo que tiene que pasar está a punto de acontecer.

Apocalipsis 11:[9] *Y gente de todo pueblo, tribu, lengua y nación* **contemplará sus cadáveres por tres días y medio,** *y no permitirá que se les dé sepultura.*

Después de los tres días y medio, nuestro Señor vendrá como ladrón pero en la noche, para todo cumplimiento bíblico, cuando la novia se va con su esposo y también el cumplimiento del hijo (hijos e hijas) sentado a la derecha del padre celestial en su trono. Y el cumplimiento de la puerta abierta en el cielo, la puerta al igual que el templo se refieren a el cuerpo del Señor, con la puerta abierta en el cielo es para que los ángeles entren a el paraíso de Dios, el lugar santísimo, que es el mismísimo cielo, para entrar y ser pillares eternos en el templo de Dios el cual es su cuerpo en el cielo. Y la visión del arca de su pacto, será visible en el monte Sion, cuando el señor venga por toda su creación la cual él ha hecho.

Apocalipsis 11:[11] **Pasados los tres días y medio,** *entró en ellos un aliento de vida enviado por Dios, y se pusieron de pie, y quienes los observaban quedaron sobrecogidos de terror.* [12] *Entonces los dos testigos oyeron una potente voz del cielo que les decía: «Suban acá.» Y subieron al cielo en una nube, a la vista de sus enemigos.*

Después, un gran terremoto que ocurrirá en el transcurso de esa hora, día, mes y año, este es el fin de los 10 días que se refiere; proféticamente como la décima parte de la ciudad que colapso, pero basada la escritura en al gran terremoto.

Apocalipsis 11: [13] *En ese mismo instante se produjo un violento terremoto y se derrumbó* **la décima** *parte de la ciudad. Perecieron* **siete** *mil personas, pero los sobrevivientes, llenos de temor, dieron gloria al Dios del cielo.*

Y los **siete** últimos días en creación se refiere como las siete mil personas, también basados en el terremoto, es el séptimo día en creación sábado, día de descanso.

La creación del mundo tiene tres representaciones, y las tres tienen todo en común pues por la fe nosotros entendemos que el universo fue creado al mandato de Dios, así lo que podemos ver fue hecho por lo que no es visible, esto significa en creación que nosotros somos del Señor su trabajo que él ha creado y así será, nosotros no lo podemos ver pero él estuvo ahí por y para todos, porque somos su creación la cual está a punto de concluir, así está escrito en el libro de Génesis;

Génesis 2: [2] ***Al llegar el séptimo día, Dios descansó*** *porque había terminado la obra que había emprendido.*

El señor de la tierra, el creador de todo ser humano y la vida eterna para el hombre y la mujer, el terminara su creación al final del sexto día para el principio del séptimo día (Shabbat), porque el fin fue escrito antes de su comienzo y el principio está llegando a su final. Esa es la razón por la cual las Santas Escrituras fueron escritas en lenguaje profético, en simbolismo y habla espiritual, como si todo ya hubiera sido terminado, y así fue terminado, simplemente porque Dios estuvo en el fin así como él estuvo en el principio, Dios creo un fin de creación usando los cuerpos celestiales como señales de sus promesas; el sol, la luna y las estrellas, como fiestas importantes, dadas por Dios mismo para celebrar y recordar con el calendario Hebreo y no solo eso, Dios dio todo de él, aun al punto de ser la palabra y hacerse carne para salvar a el mundo de sus propias acciones y planes de maldad, el no vino a ser adorado y enaltecido por toda la tierra, el probó que era digno de adoración y gloria, porque él se hizo menos para que nosotros fuéramos grandes, para eso el sufrió grandemente por la salvación de nosotros y el perdón de nuestros pecados y pensamientos malvados, y destruyendo a la muerte en acción y reacción, también venciendo a aquel que tiene en sus manos el poder de la muerte, Dios nos hizo victoriosos al vencer en la cruz y resucitando el día domingo, nos hizo eternos en un solo día. Victoriosos en su victoria, eternos por su único amor, verbo echo carne sin miedo a saber el pasar de ese tipo de muerte para no fallarnos a nosotros pues no se podía fallar así mismo ya que así conocemos el verdadero amor, nuestro padre sobre todo, algo que nuestros ojos no pueden ver, más creer es vida eterna, Amen.

LA SEÑAL DE LOS 70 DÍAS

La señal de los 70 años son 70 días, pero de los cuales solo cuenta el conteo de cuatro números; el día 62, el día 63, el día 64 y el día 65, ya que los 70 días (70 sietes) solo terminan siendo la señal de estos cuatro.

……..

ECLIPSE SOLAR Y LUNA NUEVA

En el calendario Hebreo y Rosh Hashanah, el año nuevo y el primer mes en luna nueva será (Festividad de las Trompetas) La festividad de las trompetas se basa a las trompetas apocalípticas que son también las copas de la ira de Dios todopoderoso, explica advertencias en su orden trompetica y apocalíptica antes de su cumplimiento profético.

De acuerdo con el calendario hebreo y las festividades precisas, en el libro de Apocalipsis se revela un eclipse solar que representan **el año y el mes** del fin de la era, pero sin contar el día y la hora, pero a diferencia del calendario gregoriano el calendario hebreo comienza el día al atardecer con forme a las fases lunares, lo cual revela el mes como la 12 horas de la noche. El eclipse solar refiere a **"Espada sobre Israel"**.

……..

LOS DIEZ ÚLTIMOS DÍAS
'La gran inundación, juzgado de fuego'

Después le siguen los 10 últimos días referidos en el libro de Génesis con Noé en a gran inundación, en el libro de éxodos como los 10 mandamientos, en el libro de Job como sus siete hijos y tres hijas, en el libro de Daniel como los 7 días y 62 días, en el libro del apóstol Mateo cuando explica las diez vírgenes y el ciervo fiel que de cinco bolsas de monedas le regreso a su amo cinco más, todos estos ejemplos son figurativas expresiones que profetizan los 10 días finales así como finalmente en el libro del apóstol John en el libro de Apocalipsis refiere a la señal de 10 días como una gran guerra que devora toda la tierra, así como la gran inundación que fue mencionada en libro de Génesis acerca de Noé. También fue mencionada en el libro del profeta Daniel como la gran guerra del Rey del norte y el rey del sur, se le llama proféticamente el rey del Norte, porque sus ejércitos aliados de diez naciones llegan con destrucción del norte de Israel con dirección a Jerusalén y sus murallas comenzando con Judea, pues el ejército de Israel será humillado por ejércitos de estas diez naciones por causa de la maldad que llegara hasta los cielos. Por esta razón cuando vean esta abominación en el templo y a Jerusalén rodeada de ejércitos...

Lucas 21: [20] *»Ahora bien, cuando vean a Jerusalén rodeada de ejércitos, sepan que su desolación ya está cerca.* [21] *Entonces los que estén en Judea huyan a las montañas, los que estén en la ciudad salgan de ella, y los que estén en el campo no entren en la ciudad.* [22] **Ése será el tiempo del juicio cuando se cumplirá todo lo que está escrito.**

....

ECLIPSE LUNAR
FESTIVIDADES DE SUKOT, LA
COSECHA DE LA TIERRA"

Después de 15 días le sigue la señal de la luna que se torna roja como sangre (la cuarta de las cuatro en un periodo de dos años) que revela la última semana después de quince días del año nuevo en el calendario hebreo (eclipse solar), también representa tiempo cuando el pueblo de Israel caminaba con moisés hacia la tierra prometida y tres días antes de llegar Moisés falleció con la oportunidad de ver de lejos la tierra prometida.

La festividad de los tabernáculos se basa cuando Israel llega a la tierra prometida pero esta vez es literalidad universal, la festividad de Sukot y la festividad de la cosecha tienen su propio significado y son los cuatro meses pero en significado de cuatro días antes de la resurrección de Jesucristo y cuatro días antes de la resurrección final al regreso de Jesucristo.

El cuarto eclipse lunar será cuando la luna se torna roja como de sangre y refiere a "Espada sobre la tierra" y la festividad de la cosecha o Sukot en el calendario hebreo, es señal divina de parte de Dios mismo que encaja los cuatro días después de la cuarta luna roja que se torna roja como de sangre a el sábado de descanso y resurrección final para revelarlo pero en calendario gregoriano y así todo quedara cumplido como está escrito.

Los días **"Sukot"** son compuestos por su tiempo **de noche** después su tiempo **de día,** el día lunar comienza al atardecer y al siguiente atardecer termina.

Después le sigue los últimos cuatro días que revela el pacto de la bestia y sus ejércitos en unión con diez naciones y la tracción de ese pacto de paz. Hay dos pactos proféticos, cabe decir que el pacto de paz que los reyes del mundo harán es diferente al Santo pacto de Dios "pacto Santo que se dio a cabo con Dios mismo como el Cordero en la última cena" (salvación por su sangre y cuerpo en sacrificio de amor) así está escrito en el libro del profeta Daniel.

Día seguido entre los cuatro últimos días que representan los cuatro meses de la cosecha de la tierra pero en días, después del día 62 está la muerte de Miguel, el príncipe del pacto de Dios, la muerte de Miguel como en segundo día profético de los cuatro; 62, **63**, 64 y 65.

Así como la señal del templo de Dios que está en cuatro días y la crucifixión de nuestro Señor que fue el segundo de los cuatro; 21, **22,** 23 y 24.

Así también representa la muerte de los dos testigos, cuatro días antes de la resurrección de Jesucristo, el día domingo muy temprano de mañana y cuatro días antes del viernes en la noche antes de amanecer el sábado de descanso y resurrección total, esa es la cosecha de la tierra de cuatro meses a cuatro días antes del principio el día domingo y cuatro días antes del fin del día Viernes.

Pero de los dos muslos solo un muslo tiene este nombre escrito "REY DE REYES Y SEÑOR DE SEÑORES" Señor de señores por ser el Cordero en la última cena, Rey de Reyes por ser digno y levantarse del sepulcro al tercer día después de estar muerto ya que el Cordero era Dios, y el cordero es digno de alabanza poder y gloria por los siglos de los siglos, amén.

. . . .

ÚLTIMOS TRES DÍAS Y UNA NOCHE EN VELA

Esta es la señal de los dos testigos, y los dos olivos, Gabriel quien venció el día domingo temprano de mañana y regresara al final del día viernes, significa que el día domingo en la mañana y al final del día viernes es el tercer día donde nosotros que somos el templo del Señor como su cuerpo quedara finalmente reconstruido. **Día domingo de mañana** nuestro Señor Jesucristo resucito del sepulcro y **al final del día Viernes** que será en la noche nuestro Señor Jesucristo regresara, **es un día** y equivale a "**Domingo=144,000=Viernes**" los seis días de la creación, Jesucristo profetizo que reconstruiría el templo en tres días, al tercer día. Pero la diferencia es la crucifixión de Jesucristo que fue un día "viernes" y la muerte de Miguel será a la mitad de la semana "Miércoles", así como nuestro Señor resucito el día domingo así nos resucitara al final de los tres días y una noche después de la muerte de Miguel que será al final del Viernes en la noche para todos vivir en eternidad al final de la creación con Dios el Sábado de descanso y resurrección final.

Miguel es su apoyo en los últimos días antes del fin de la era, testimonio que vive en nosotros por Jesucristo que fue crucificado lo cual lo hace con sus apóstoles Señor de señores, y en su regreso con nuestras coronas de vida lo hace nuestro Rey de reyes, su cumplimiento está a la puerta. El ayudante de Gabriel y protector de su pueblo simbólicamente su nombre espiritual es Miguel y es el ángel de nuestro Señor Cristo Jesús es decir que es el ángel del pueblo de Dios.

. . . .

Los 10 últimos días en el libro del profeta
Daniel y libro del profeta Isaías

Pero el enfoque a los últimos diez días es necesario, en el libro de Daniel se explica la señal de los 70 años pero solo como cuatro días; el día 62, el día 63, el día 64 y el día 65. Pero con los diez últimos días explicando el pacto de un rey con diez naciones en el periodo de siete días que son equivalentes a una semana;

*Daniel 9:²⁷ **Durante una semana** ese gobernante hará un pacto con muchos…*

Pero en el libro de Daniel, la semana revelada de siete días, el séptimo día es en el día Jueves y también llamado el día 62, "**Jueves séptimo, día 62**". Que se encuentra en diferente representación en visión por parte del profeta Isaías;

*Isaías 6:² Por encima de él había serafines, cada uno de los cuales tenía **6** alas: con **2** de ellas se cubrían el rostro, con **2** se cubrían los pies, y con **2** volaban.*

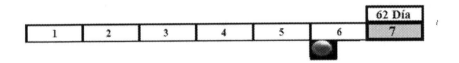

Año 63 "El temple del señor" El testigo fiel.

Después del día 62 se les dará muerte a los dos testigos como lo profetizo el profeta Daniel, el cual fue el segundo año del rey Darío (un Medio por descendencias) en su reinado venciendo el reinado babilonio y su edad era 63 años, su edad es señal pero en días, aunque ese año fue cuando se reconstruyo el templo del Señor, y aquí salen los días del mandato que ordena la reconstrucción del santuario (templo); 21, **22**, 23 y el día 24, se le dio muerte a el testigo fiel en crucifixión (Jesucristo) el día segundo que fue_**viernes 22,** pero solo como testigo representándolo nosotros sus ciervos, pues él es Dios todo poderoso.

Día 63 "Los dos testigos" Miguel.

Pero en el primer año del rey diario en su reinado él tenía 62 años de edad, y es parte de la señal de los 70 años donde solo se cuentan cuatro, pero no en años sino en días; 62, **63,** 64 y 65. El primer año del rey diario representa el día 62, día en que Gabriel explico a el profeta Daniel que después de luchar contra sus enemigos y vencer en el día domingo 24, le brindaría también su apoyo a Miguel ya que Miguel era el único que apoyaba a Gabriel en la lucha contra sus enemigos. Después del día 62 es el segundo año del rey Darío, pero su edad es símbolo de días y es **el día Miércoles 63**, aquí se cumple la profecía de la muerte de los dos testigos en la gran ciudad de Jerusalén, Gabriel tres días antes del principio y Miguel tres días antes del Fin. Pero de los dos Gabriel es el principio y el fin pues Gabriel resucito el domingo y regresara el sábado de gloria.

Daniel 9:[26] ***después de las sesenta y dos semanas, se le quitará la vida al príncipe elegido.*** *Éste se quedará sin ciudad y sin santuario, porque un futuro gobernante los destruirá. El fin vendrá como una inundación, y la destrucción no cesará hasta que termine la guerra.*

Ahora una semana tiene siete días y en la semana que explica Daniel el día séptimo es también el día 62 y revela que será un jueves "el séptimo día Jueves 62".

Después del día jueves 62 será el día "Miércoles 63" el cual es la mitad de una semana, y la semana tiene siete días, por eso Daniel escribió como la mitad de un siete (con sus muchas interpretaciones lingüísticas significa lo mismo)

Y es el día en que el príncipe elegido se queda sin ciudad y sin santuario, la ciudad es la ciudad santa y su santuario es su cuerpo, así como la imagen de Dios. Esto tendrá lugar en Jerusalén y será en profecía cumplida.

Daniel 9:[27] *…pero* ***a media semana pondrá fin a los sacrificios y ofrendas.*** *Sobre una de las alas del templo cometerá horribles sacrilegios, hasta que le sobrevenga el desastroso fin que le ha sido decretado.*

El Rey del Norte es Gog y la tierra del norte es Magog, Magog es el continente del norte, Jerusalén es parte de la tierra del norte referida así proféticamente, se apoderara de la hija de Sion que es Jerusalén y tendrá el poder para destruirla, cuando esto suceda en los últimos 10 días ni las fuerzas del Rey del sur podrán contra el Rey del norte, por eso Dios manda a poner el sello para salir de la gran ciudad.

Zacarías 2: [6] *»* *¡Salgan, salgan!* ***¡Huyan del país del norte!****—afirma el* SEÑOR—*.* *»* *¡Fui yo quien los dispersó a ustedes por los cuatro vientos del cielo!* *—Afirma el* SEÑOR—*.*

Un futuro gobernante que ara un pacto con muchas naciones por los primeros siete días de los últimos **10 días,** siendo el destructor tendrá grandes ejércitos como una plaga de langostas que devoraran toda la tierra, estos son los siete días de una semana y el séptimo día como singular, el 62.

Es decir que después del día jueves 62 será a la mitad de la semana, un miércoles día 63, se le dará muerte a el príncipe elegido también príncipe del pacto de Dios, también llamado en el libro de Daniel como el capitán, el que protege del pueblo de Dios. El que apoya a Gabriel en la lucha contra sus enemigos.

Daniel 11: [21] *»* *"En su lugar reinará un hombre despreciable, indigno de ser rey,* **que invadirá el reino cuando la gente se sienta más segura** *y, recurriendo a artimañas, usurpará el trono.* [22] **Arrasará como una inundación a las fuerzas que se le opongan; las derrotará por completo, lo mismo que al príncipe del pacto.** [23] *Engañará a los que pacten con él, y con un grupo reducido usurpará el trono.* [24] **Cuando las provincias más ricas se sientan más seguras, las invadirá,** *logrando así lo que jamás lograron sus padres y abuelos. Repartirá entre sus seguidores el botín y las riquezas que haya ganado en la guerra,* **y hará planes para atacar las ciudades fortificadas.** ...

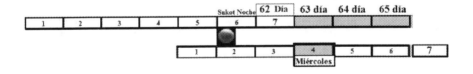

Isaías 7: [8] *...La cabeza de Siria es Damasco, y la cabeza de Damasco es Rezín; pero dentro de* **65 años** *Efraín será destrozado hasta dejar de ser pueblo.*

Ahora, la señal de los 70 años que en días solo cuentan cuatro números desde el miércoles 62 hasta el día viernes 65, el cual está escrito en el libro de Isaías como el año 65 y como el último día de la guerra que devorara toda la tierra.

Emanuel "Dios está con nosotros" El principio y el fin

El día viernes 65 tiene un significado profético muy importante. Como el primer día de la creación que fue el final de la señal que rebela la reconstrucción del templo de Dios; 21, 22, 23 y 24. Jesús resucito en el día domingo 24 muy de mañana cuando todavía estaba obscuro, tres días después de haber sido crucificado, y regresara al final del día viernes 65 que será de noche antes de amanecer, tres días después de la muerte de Miguel y el sexto día de la creación de Dios, antes del sábado, día de descanso y el séptimo día en creación.

Es la señal de un importante evento, las señales de secuencia cronológica y su secuencia está contada en cinco días, sin contar el sábado o el domingo pues su representación no es la de creación sino la de los últimos días antes del fin de la era.

					Sukot Noche	62 día	63 día	64 día	65 día	
1	2	3	4	5	6	7				Creación
			1	2	3	4	5	6	7	
						Miércoles		Viernes	Sábado	

Capítulo 13

EL TERCER ¡AY!-EL GRAN TERREMOTO

Las siete trompetas no tienen un orden cronológico, su orden en secuencia está separada en cuatro fases, el tercero es llamado **"El tercer ¡Ay!"** teniendo en mente este orden entenderán las cuatro trompetas como **"La tercera parte"**.

Apocalipsis 11:[14] *El segundo ¡ay! ya pasó,* ***pero se acerca el tercero.***

Diez días	Tres días y medio	La Hora	La ira del Cordero
Primer Ay!	Segundo Ay!	Tercer Ay!	Una tercera parte (1/3)
La 5ta Trompeta	La 6ta Trompeta	La 7ma Trompeta	Las Cuatro trompetas

El tercer ¡Ay! ocurrirá cuando nuestro Señor venga por su ciudad santa, así la ciudad santa estará con el Señor en las nubes del cielo, será tomada a la vista de los enemigos de Dios. Y las voces en el cielo es la ciudad santa con sus coronas de vida eterna de pie con el Señor en el cielo, ellos estarán proclamando de nuestro Señor su reino. Es llamado el reino de los cielos, como el reinado de nuestro Señor y el reinado de su Mesías, teniendo en mente que el Señor es dos, **"Señor y Mesías"**. Todo en las Santas Escrituras están selladas en este sentido, pero Jesús también fue es el cordero y nosotros representamos el cordero.

Apocalipsis 11:[15] *Tocó el séptimo ángel su trompeta, y en el cielo resonaron fuertes voces que decían: «El reino del mundo ha pasado a ser de nuestro Señor y de su Cristo, y él reinará por los siglos de los siglos.»*

Los veinticuatro tronos, los veinticuatro ancianos y las veinticuatro coronas refieren a la victoria de nuestro Señor que fue el Domingo 24 al tercer día de que lo crucificaron. Pero esos veinticuatro ancianos representan la suma de los 12 apóstoles del cordero (Ancianos) más las 12 tribus de Israel (Tronos) es el equivalente a los tres días cuando Jesús fue crucificado y al tercer día resucito.

Lucas 22: [29] *Por eso, yo mismo les concedo un reino, así como mi Padre me lo concedió a mí,* [30] *para que coman y beban a mi mesa en mi reino, y se sienten en tronos para juzgar a las doce tribus de Israel.*

También cuando Jesús dijo: *"...*[30]*para que coman y beban a mi mesa en mi reino"* está representando el gran banquete y el cumplimiento de todo juicio también en el último día de la creación, este importante evento tendrá su lugar en el cielo, ya en eternidad, la ciudad santa con coronas en sus cabezas reconocerán a el Rey de reyes.

Apocalipsis 11: [16] *Los 24 ancianos que estaban sentados en sus tronos delante de Dios se postraron rostro en tierra y adoraron a Dios...*

Y porque el importante evento tomara su lugar después de la resurrección, después en el lugar santísimo "el cual es el cielo" el complimiento de la puerta abierta y el templo en el cielo será cuando aparezca nuestro Señor en el cielo, es porque el templo es su cuerpo y su gloria es su corona como Dios eterno, y porque la puerta estaba abierta en el cielo refiere a el pacto de Dios que se podrá ver con las nubes del cielo para anunciar que la tierra no volverá a ser destruida por fuego de ejércitos, las dos visiones proféticamente serán cumplidas solo hasta el día del fin.

Apocalipsis 11:[19] *Entonces se abrió en el cielo el templo de Dios; allí se vio el arca de su pacto, y hubo relámpagos, estruendos, truenos, **un terremoto**...*

Después de la llegada de nuestro Señor y que todo ojo lo vera llegar con las nubes del cielo, el gran terremoto apocalíptico ocurrirá a la misma hora transcurrida y así se cumplirá lo que las cuatro lunas mantenían con la cuarta al tornarse roja como de sangre. Mantenían los cuatro ejes de la tierra así como los cuatro vientos de la tierra, este evento se le llama, **"La ira del Cordero"**.

La ira del cordero comenzara después de que la ciudad santa haya sido tomada al cielo, después del gran terremoto. Comenzará con una gran granizada, esto será en toda la tierra. Es severa la tormenta porque cada granizo pesara más de cuarenta quilos cada uno, y así comenzara "La ira del Cordero" el anuncio de este mensaje es como siete plagas, es antes de su cumplimiento, aun así los habitantes de la tierra no se arrepentirán, porque no creerán.

Apocalipsis 11:[19]*...**y una fuerte granizada.***

Capítulo 14

LA IRA DEL CORDERO
"LA 1/3 PARTE DE LAS CUATRO
TROMPETAS DESPUES DEL TERCER ¡AY!

(La estrella que cae del cielo como antorcha encendida)

La tercera parte

Cuando está escrito este sello con estas palabras: **"La tercera parte"** solo representa el orden real de las siete trompetas en cronología. Esta será la cuarta y última fase pues es parte del tercer ¡Ay! La ira del cordero es el juicio de Dios sobre la tierra cuando está escrito **"La tercera parte"** se refiere a toda la tierra, completamente.

Y así como las cuatro trompetas son la última fase, comienza con la primera trompeta como la severa granizada y es la causa de fuego, porque la severa granizada caerá sobre materiales explosivos y sangre porque caerá sobre los habitantes de la tierra. La profecía siempre estará escrita como ya ocurrida, porque así pasara a ser de otra forma no sería escrita sin un profético significado. Y cuando está *escrito "y se quemó la tercera parte de la tierra, la tercera parte de los árboles y toda la hierba verde"* significa que toda la tierra será quemada, así mismo todos los árboles y toda la yerba verde, porque **"La tercera parte"** solo es la última fase de las siete trompetas que son advertencias antes de su complimiento y sella la afectación total sobre la tierra.

Apocalipsis 8:[7] Tocó el primero su trompeta, y fueron arrojados sobre la tierra **granizo y fuego mezclados con sangre.** *Y se quemó* **la tercera parte** *de la tierra,* **la tercera parte** *de los árboles y toda la hierba verde.*

En la segunda trompeta refiere el juzgado de Dios sobre las montañas y los mares porque las aguas incrementaran sobre la tierra y cuando está escrito *"y murió la tercera parte de las criaturas que viven en el mar"* refiere que toda criatura que vive en el mar morirá, así mismo cuando está escrito *"La tercera parte de los barcos fueron destruidos"* refiere que todos los barcos en la tierra serán destruidos.

Apocalipsis 8: [8] Tocó el segundo ángel su trompeta, y fue arrojado al mar algo que parecía una enorme montaña envuelta en llamas. **La tercera parte** *del mar se convirtió en sangre, [9] y murió* **la tercera parte** *de las criaturas que viven en el mar; también fue destruida* **la tercera parte** *de los barcos.*

La tercera trompeta se refiere al juzgado de Dios sobre los ríos y los manantiales, por la caída de una estrella que en el cielo al caer tendrá la apariencia de una antorcha encendida, la estrella es de azufre y ara que toda agua dulce se vuelva amarga. Por esa razón Dios la llama a la estrella "Amargura" revela un asteroide.

En sentido espiritual la estrella que cae del cielo como rayo representa a Satanás cuando es arrojado del cielo por su rebelión de ejércitos contra Dios en el primer ¡Ay! que es la quinta trompeta también. Pero la estrella que cae del cielo como antorcha encendida en las cuatro trompetas que está escrita en literalidad por el aspecto de los objetos en escritura define un asteroide. Así como después del granizo llegara a sonar la tercera trompeta como las últimas cuatro trompetas aun siendo parte del tercer ¡Ay! también como la cuarta fase de su orden trompetica, este juzgado está escrito literal porque en la claridad mencionada de los objetos no se encuentra simbolismo excepto su orden relativo **"La tercera parte"** y es la causa del juzgado de fuego y sus consecuencias totales.

Apocalipsis 8:[10] Tocó **el tercer ángel** *su trompeta, y una enorme estrella, que ardía como una antorcha, cayó desde el cielo sobre* **la tercera parte** *de los ríos y sobre los manantiales. [11] La estrella se llama Amargura. Y* **la tercera parte** *de las aguas se volvió amarga, y por causa de esas aguas murió mucha gente.*

La cuarta trompeta refiere el juzgado de Dios sobre la tierra por los cuerpos celestes, Dios creo los cuerpos celestiales y los puso en su lugar para servirnos de señal en el tiempo dividiendo horas, días, meses y años, pero cuando se pierden, es cuando las nubes cubren toda la tierra como nunca antes, y la obscuridad se vuelve completa en toda la tierra, por esta razón cuando está escrito *"Así quedo sin luz la tercera parte del día y la tercera parte de la noche."* Refiere que toda la tierra del lado del sol quedara cubierta de nubes así como toda la tierra del lado de la luna con sus estrellas también estará cubierta de nubes, completamente cubierta, **"La tercera parte"** es la última fase en el orden de las siete trompetas y ya escrito son cuatro finales.

Por los cambios de los cuatro vientos de la tierra que son los cuatro puntos cardinales, los elementos sobre la tierra tendrán nuevas posiciones, nueva tierra será y nuevo cielo prevalecerá.

Apocalipsis 8:[12] *Tocó el cuarto ángel su trompeta, y fue asolada **la tercera parte** del sol, de la luna y de las estrellas, de modo que se oscureció **la tercera parte** de ellos. Así quedó sin luz **la tercera parte** del día y **la tercera parte** de la noche.*

Así está escrito el juzgado de Dios sobre la tierra por la sangre de Abel (la buena semilla) y es llamado **"La ira del Cordero"** pues es la sangre del cordero, sus siervos. Está escrito como *"la tercera parte de la humanidad"* y su representación son las cuatro trompetas que significan destrucción total, pero solo como juzgado sobre la tierra. La ira de Dios caerá como juzgado sobre todo el ser humano.

Apocalipsis 9: [15] *Así que los cuatro ángeles que habían sido preparados precisamente para esa hora, y ese día, mes y año, quedaron sueltos para matar **a la tercera parte** de la *humanidad.*

Esto ocurre cuando Dios comande que se liberen los cuatro ángeles que están atados a la orilla del gran rio Éufrates, esto refiere el nuevo año y el primer mes en el calendario hebreo, así mismo el día y la hora es revelada junto con el lugar de su cumplimiento profético **"El monte Sion"** todo se cumplirá cuando los pies de Dios todo poderoso toquen el monte santo que es el monte Sion.

Zacarías 14: [4] *»**En aquel día pondrá el Señor sus pies en el monte de los Olivos, que se encuentra al este de Jerusalén, y el monte de los Olivos se partirá en dos de este a oeste, y formará un gran valle, con una mitad del monte desplazándose al norte y la otra mitad al sur.***

No se dejen engañar porque ni el orgullo de esta civilización podrá prevalecer, por esta razón él es nuestro único salvador, el Mesías, aquel que nos ama sobre todas las cosas, pero aquellos que se rebelan contra él, lo verán y lo reconocerán, la vista de Dios estará sobre ellos.

Amos 9: [2] *Aunque se escondan en lo profundo del sepulcro, de allí los sacará mi mano. Aunque suban hasta el cielo, de allí los derribaré.* [3] *Aunque se oculten en la cumbre del Carmelo, allí los buscaré y los atraparé. Aunque de mí se escondan en el fondo del mar, allí ordenaré a la serpiente que los muerda.* [4] *Aunque vayan al destierro arriados por sus enemigos, allí ordenaré que los mate la espada. Para mal, y no para bien,* ***fijaré en ellos mis ojos.»***

Tienen que tener fe y ser pacientes, sobre todas las cosas Dios está y estará con nosotros, él no nos dejara sufrir castigo, el mensaje es bueno, pero el castigo es verdadero, es la forma que tiene que ser y por eso deben de confiar, es verdad que todo tendrá su fin y es de temer en gran manera a nuestro Señor tanto corazones benignos como corazones malignos, pero quien confía en el Señor no caerá jamás.

Capítulo 15

La Nueva Jerusalén 144,000
-PRINCIPIO DE DOMINGO 24
Y FIN DE VIERNES 65-

En el libro de Apocalipsis proféticamente, el ángel que le muestra todo lo que es era y será a Juan, representa al arcángel Miguel y juan representa los siervos del Señor, es simbolismo. He aquí el arcángel Miguel que le entrega el librito abierto a los siervos de nuestro Señor. Así los ciervos del Señor por mandato tomaran el libro, pues ellos representan al cordero que fue Crucificado, así es necesario para que ellos también venzan y al final de los días reciban de Dios los dones.

Hay muchas representaciones que se le han dado a la caña para medir la ciudad santa. La caña para medir la ciudad santa está representada en el libro de Ezequiel como el pergamino que le presenta la mano del ángel del Señor:

Ezequiel 3: [9] *Entonces miré, y vi que **una mano con un rollo escrito se extendía hacia mí.***

Y así mismo el ángel que le presenta el pergamino, lo abre ante sus ojos de Ezequiel, en esto Ezequiel representa todos los ciervos del Señor, y el rollo es el pergamino que está escrito por los dos lados y sellado con siete sellos, el ángel del señor abre el pergamino a los siervos del Señor.

Ezequiel 2: [10] **La mano abrió ante mis ojos el rollo,** *el cual estaba escrito por ambos lados, y contenía lamentos, gemidos y amenazas.*

En el Libro de Apocalipsis la caña para medir la ciudad santa, sus puertas y su muralla, está representado como el libro que tiene el sus manos Dios todo poderoso y que esta sellado con siete sellos;

Apocalipsis 5: [1] **En la mano derecha del que estaba sentado en el trono vi un rollo** *escrito por ambos lados y sellado con siete sellos.*

Es el pergamino (libro) que por mandato de Dios los sellos rotos se revelan a los siervos del Señor, en esto Juan, el escritor de Apocalipsis, representa todos los siervos del señor que reciben el pequeño pergamino abierto (librito abierto) proféticamente.

Apocalipsis 10: [2] **Llevaba en la mano un pequeño rollo escrito que estaba abierto.** *Puso el pie derecho sobre el mar y el izquierdo sobre la tierra...*

En el libro de Isaías la caña es llamada "la braza" que es tomada con tenazas por el querubín de la visión de la llegada del Señor, y que toca los labios del profeta Isaías en un respetuoso lenguaje profético.

Isaías 6: [6] *En ese momento voló hacia mí uno de los serafines.* **Traía en la mano una brasa** *que, con unas tenazas, había tomado del altar.* [7] **Con ella me tocó los labios** *y me dijo:*

«Mira, esto **ha tocado tus labios;**
   tu maldad ha sido borrada,
   y tu pecado, perdonado.»

Los ciervos del Señor al tomar el pergamino abierto ya sin sellos, representa el entendimiento de el plan de Dios, y ordena la proclamación de la era venidera que es la salvación de la humanidad y el juicio sobre la maldad, el pergamino abierto al comerlo es dulce en nuestros labios simplemente porque es nuestro deleite, son palabras de Dios mismo, y explica los mandamientos que debemos cumplir, así como los Diez mandamientos que se basan en uno solo; el amar a nuestros hermanos y hermanas es dar la vida por ellos, así nos ha mandado nuestro padre, que amemos como él nos amó, el dio su vida por todos nosotros y todos somos muertos en él, así como él vive nosotros ahora vivimos en él.

Jeremías 15:

[16] ***Al encontrarme con tus palabras,***
yo las devoraba;
ellas eran mi gozo
y la alegría de mi corazón,
porque yo llevo tu *nombre,
Señor, Dios Todopoderoso.

Ahora entenderá la representación de la caña para medir la ciudad santa la cual es la caña de azúcar (y sus muchas interpretaciones) con la caña de azúcar Dios mismo nos manda a medir el templo del Señor que se separa en los primeros cuatro sellos como:

21(Jueves), 22(Viernes), 23(Sábado) y el 24 (Domingo) ya que el cordero que fue en este caso crucificado y Dios todo poderoso vencedor sobre la muerte, son el templo. También representan los tres días y cuatro días, primeros de separación en creación.

También Dios mismo manda a medir el altar de oro que representa en el quinto sello la tierra, También se refiere al quinto día de creación, los cuatro cuernos del altar de oro son los cuatro vientos de la tierra, a diferencia del quinto sello, está escrito literal en el sexto sello.

También manda a calcular cuántos pueden adorar ahí, se refiere a el sexto sello con el sol y la luna como señales para los últimos días, también refiere a el sexto día de creación como el sexto sello "1-4-4-0-0-0" el sexto sello no es la cantidad de los sellados o cuantos serán, es el número que se les revela a los siervos de Dios como sello en sus frentes para que reconozcan quien es el padre y quien es el hijo. Puede que sea malinterpretada esta revelación, pero está claro que los siervos de Dios llevaran su nombre en la frente. No mezclar la obscuridad con esta luz será su prueba. Sin medir el séptimo sello por que el séptimo sello es la ora final y es parte de las señales de los últimos días con los tres días y medio incluidos.

Después de medir con la caña dorada, el templo, el altar de oro y calcular <u>cuántos adoran ahí,</u> con la misma caña de medir se mide la ciudad santa pero sin ninguna diferencia de los siete sellos, simplemente explica la señal del domingo como la ciudad santa, que Jesús en su resurrección hizo el principio y el fin aun por venir. Creó en él **"La nueva Jerusalén"** creó en él **"El principio y el fin"** creó en él **"El domingo para regresar el sábado"** creó en él **"un nuevo cantico"** el cual... es en él; **"Eres digno Dios y Señor nuestro"** creó en él **"un nuevo nombre"** que es el nombre de Dios **"Jesús"** y creó en él **"Cielo nuevo y tierra nueva"** aunque para ese entonces Dios mismo ya estará con nosotros.

El ángel del Señor da el pergamino que tiene abierto en su mano, se lo entrega a los Siervos de Dios pues Dios manda a que le pidan al ángel el librito abierto y así él ángel del Señor se los dará, medirán la nueva Jerusalén, medirán sus puertas y su muralla, y encontraran el nombre de Dios Todopoderoso el cual está por llegar como novio por la novia, como padre por su hijo, como templo por sus pilares. Pero antes, dichosos serán los que sean invitados a las bodas del cordero, pues para esto hay fecha, Dios mismo la revela en señales y visiones a punto de cumplirse en corto tiempo.

Apocalipsis 21:[9] *Se acercó uno de los siete ángeles que tenían las siete copas llenas con las últimas siete plagas. Me habló así:* **«Ven, que te voy a presentar a la novia, la esposa del Cordero.»**

La forma en que el angel del Señor muestra la ciudad santa a los ciervos de Dios es por medio de el espiritu de Dios el cual es las palabras de el espiritu santo que estan escritas en las santas escrituras, sus palabras son espiritu y dan vida al creer en ellas, ese es el espiritu de Dios. Son profecias que estan guardadas para su devido cumplimiento, y me atrevo a decir que sera mas que increible.

Apocalipsis 21:[15] **El ángel que hablaba conmigo llevaba una caña de oro para medir** *la ciudad, sus puertas y su muralla.*

LA CIUDAD SANTA

Primero, la ciudad santa. Explica como la ciudad santa era cuadrada, y asi mismo da las señales de sus medidas, las cuales son; 12 (caña dorada) x 12,000(estadios)=144,000(cuidad santa). Esta escrito que la ciudad santa es cuadrada, por parte de la caña dorada que mide la ciudad en tres fases, contando las puertas de la gran muralla y sus puertas, parte de las medidas de la ciudad santa.

```
-0-0-0-4-4-1
-0---------4-
-0---------4-
-4---------0-
-4---------0-
-1-4-4-0-0-0-
```

Apocalipsis 21: [16] **La ciudad era cuadrada; medía lo mismo de largo que de ancho.** *El ángel midió la ciudad con la caña, y doce mil estadios: su* **longitud,** *su* **anchura** *y su* **altura** *eran iguales.*

En la forma en que esta medida la ciudad santa está referida en el libro de Génesis, que son las medidas del arca de Noé, simbólicamente no se cuentan los cálculos del arca pues solo sellan la visión profética no en lo que pudo ser literal, la señal se encuentra solo en el uso de medir como está escrito. Porque Noé construyo el arca basándose a las medidas escritas por mandato de Dios, como un misterio en la creación del mundo, la promesa (profecía) de Dios se encuentra cumplida con los 10 últimos días de guerra como una inundación y esto es salvación porque son bendiciones pero al final es juzgado pero por fuego, antes del fin de la era. Esta es la profética inundación de 150 días o 5 meses los cuales en sello abierto por Dios mismo son 10 días de persecución que sufriremos antes de recibir las coronas de la vida en el fin de la era, así aparecerá en el cielo abierto nuestro Señor como su arcoíris de promesa que las aguas no se convertirán más en diluvio para destruir todos los mortales, el agua en sello abierto es el fuego y el arca es nuestra ciudad de puertas abiertas también representa el Templo de puertas abiertas.

Génesis 6:[15] **Dale las siguientes medidas:** *ciento cuarenta metros de* **largo,** *veintitrés de* **ancho** *y catorce de* **alto.**

LA GRAN MURALLA DE LA CIUDAD SANTA

Así como la ciudad santa esta cuadrada, así mismo la gran muralla, simplemente explica el cuadrado usando los cuatro vientos del cielo, y así mismo el cuadrado se revela con las 12 puertas divididas en 4, por eso es por la dimensión del cuadrado. Y así mismo se encuentran cuatro lados de la gran muralla.

Apocalipsis 21:[13] *Tres puertas daban al* **este,** *tres al* **norte,** *tres al* **sur** *y tres al* **oeste.**

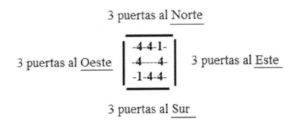

Recordar que la caña para medir la ciudad es "12" pero la muralla también tiene 12 en muchas representaciones como; 12 puertas de la gran muralla y 12 ángeles custodiando en las 12 puertas, también los 12 nombres de los 12 apóstoles del cordero escritos en las puertas, así se da el equivalente de "12" por ser parte de la gran muralla. Y se revela para ser medida la gran muralla; **12** (la caña para medir) **x 12** (puertas) = **144** (muralla alta).

Apocalipsis 21:[17] *Midió también la muralla, y tenía* **ciento cuarenta y cuatro codos.** *Según las medidas humanas que el ángel empleaba.*

LAS PUERTAS DE LA CIUDAD SANTA

Ahora las puertas, la señal de las puertas de la ciudad santa son muy importantes a este punto, porque en un lenguaje espiritual nosotros entramos a la ciudad santa atreves de las puertas de la ciudad santa, todo esto es simbólico, pero fácil de entender, la caña para medir representa "**12**" la cuidad santa tiene una gran y alta muralla de "**12**" fundaciones, también son 12 puertas y cada puerta esta echa de una solo perla, cada una, es decir que la medida final de las puertas de la ciudad santa es ésta; **12** (la caña dorada) **+ 12** (perlas) = **24** (puertas).

Apocalipsis 21:[21] **Las doce puertas eran doce perlas, y cada puerta estaba hecha de una sola perla.** *La calle principal de la ciudad era de oro puro, como cristal transparente.*

```
-0-0-0-4-4-1-
-0-----4-2-4- = Sus puertas
-0-----1-4-4- = Su gran muralla
-4---------0-
-4---------0-
-1-4-4-0-0-0- = La ciudad santa
```

Ahora, después de medir la ciudad santa, sus puertas y la gran muralla con la caña dorada, se encuentra proféticamente el domingo 24 el cual sabemos que tomo lugar cuando nuestro Señor Jesús se levantó del sepulcro, también el domingo se conoce como el primer día de la creación el primer día de la semana, domingo. Se refiere al cuerpo de nuestro Señor Jesús, tenemos la ciudad santa, la nueva Jerusalén que fue creada el día en que fue crucificado, en esto se comprende como el cordero de Dios que vive en nosotros y cuando Jesucristo se levantó de entre los muertos, por su victoria sobre la muerte se comprende como nuestro Señor y Dios todo poderoso, y así revela el nuevo nombre de Dios "Jesús".

Cuando el espíritu de Dios se hizo hombre, también escrito como *"el verbo se hizo carne"* refiere a Jesucristo hombre, porque siendo Dios por naturaleza se rebajó así mismo como hijo para protegernos del enemigo, mientras el estuvo en la tierra se rebajó a ser **cordero**, hasta hoy se conoce a Jesucristo como el hijo de Dios porque representa a nosotros, sus hijos e hijas de Dios, por su sangre nuestros pecados son lavados y ropas blancas como de lino nos son dadas sin importar la ley de este mundo y sus juzgados, porque Dios es quien perdona y Dios es quien Juzgara aún la ley de este mundo.

Jesús era quien murió y así será el cordero y la lámpara que en la tierra nos da salvación y luz así nosotros somos el cordero, hasta que llegue nuestro padre celestial al fin del mundo, pero no se confundan, Jesús también al resucitar es nuestro Señor por darnos salvación en su sangre y Dios por darnos la victoria para vencer la muerte tanto espiritual como literalmente.

Nadie ha visto al padre porque el padre todo ojo lo vera como señal del regreso de Jesús, por hoy en día se conoce como el hijo de Dios que vive en nosotros así el padre se nos revela para que salga de nuestro corazón el mirar al cielo y llamar **"Habba"** padre.

*Juan 14:6 —Yo soy **el camino, la verdad y la vida** —le contestó Jesús—. Nadie llega al Padre sino por mí. 7 Si realmente me conocierais, conoceríais también a mi Padre. Y ya desde este momento lo conocéis y lo habéis visto.*

El camino es la calle principal en la ciudad santa, el cordero es su lámpara, Jesucristo hombre, todas las naciones seguirán su luz y nosotros somos la luz que el mismo creo Luz, lo literal lo expresa espiritualmente con vida.

Pero también somos el templo de Dios, porque el templo que fue el cuerpo de Jesucristo crucificado al tercer día fue reconstruido, pero fue muy de mañana su resurrección al tercer día y quedan las palabras de Jesucristo al responder acerca de su muerte, la destrucción de su templo, que tomaría tres días en reconstruirlo, el tercer día no ha terminado, por eso se le conoce al tercer día como "hoy" pues así está escrito por el apóstol pablo;

*Hebreos 3 13 **Más bien, mientras dure ese «hoy»**, anímense unos a otros cada día, para que ninguno de ustedes se endurezca por el engaño del pecado. 14 Hemos llegado a tener parte con Cristo, con tal que **retengamos firme hasta el fin la confianza que tuvimos al principio**. 15 Como se acaba de decir:*

*«Si ustedes oyen **hoy** su voz,*
no endurezcan el corazón
como sucedió en la rebelión.»

Con la crucifixión de Jesucristo de cierto acerca del Templo, Jesucristo resucito al tercer día fue el principio del día **"Domingo"** y domingo fue el primer día de creación, ya que nosotros somos el templo de Dios estamos siendo reconstruidos en estos seis días **"Hoy"** del trabajo de Dios, porque llegara el fin de ese **"Hoy"** que será al fin del día **"Viernes"** así finalmente le tomara a Dios reconstruir su templo en tres días, el día viernes con su noche será el último día en creación, en resurrección y destrucción para un nuevo cielo y nueva tierra, por ser viernes el día en que el ser humano tomó del fruto del árbol del conocimiento del bien y del mal porque está escrito;

*Éxodos 20:[11] Acuérdate de que **en seis días** hizo el Señor los cielos y la tierra, el mar y todo lo que hay en ellos, y que descansó el séptimo día. Por eso el Señor bendijo y consagró el día de reposo.*

Y el día de reposo será un sábado después del sexto día, pero aún no se ha terminado la reconstrucción del templo y ocurrirá en resurrección final, nosotros representamos a Jesucristo hombre así Dios todo poderoso es nuestro templo y el Nuevo nombre de Dios todo poderoso en resurrección es Jesús.

*Apocalipsis 21:[22] No vi ningún templo en la ciudad, porque **el Señor Dios Todopoderoso y el Cordero son su templo.***

El árbol de la vida y el árbol del conocimiento del bien y el mal son Jesucristo, su nombre está en nuestras frentes al entender que él fue el principio y será el fin de la creación, los seis días de la creación de Dios "1-4-4-0-0-0" pero como un solo día desde el principio de su resurrección en domingo hasta su llegada al fin de un viernes, pero como ese viernes ya está por acontecer solo nos queda el **"hoy"** que fue domingo y será un viernes, para tener en el séptimo día de reposo 'Sábado' la eternidad en presencia de nuestro Dios y Señor *Jesús*.

Capítulo 16

"Las siete cartas de Dios"
(EL ALFA Y EL OMEGA)

Apocalipsis 22: [13] **Yo soy el Alfa y la Omega,** *el Primero y el Último, el Principio y el Fin.*

LAS SIETE CARTAS

Las siete cartas de Dios son para todas las iglesias en los siete continentes. Las representaciones son en base a lo que está escrito en ellas.

Apocalipsis 1:[20] *Ésta es la explicación del misterio de las siete estrellas que viste en mi mano derecha, y de los siete candelabros de oro: las siete estrellas son los ángeles de las siete iglesias, y **los siete candelabros son las siete iglesias.***

Nuestro Señor Dios padre tiene un pergamino escrito por ambos lados serrado y sellado con siete sellos, el libro sellado con siete sellos tiene la representación de la ciudad santa pero en cuatro partes ya que en el libro de Zacarías tiene la misma visión apocalíptica;

Zacarías 4:[2] *Y me preguntó: « ¿Qué es lo que ves?» Yo le respondí: «Veo un candelabro de oro macizo, con un recipiente en la parte superior. Encima del candelabro hay **siete lámparas**, con siete tubos para las mismas.*

Las siete estrellas son los ángeles de Dios, se refiere a los siervos de nuestro Dios pues son los mensajeros de todas las iglesias en los siete continentes.

Los siete candelabros de oro representan a toda iglesia en cada uno de los siete continentes, el número siete refiere a los siete continentes en todo el mundo es decir todo ser creado por Dios.

El fuego de los siete candelabros representa el espíritu de Dios en cada una de las iglesias en los siete continentes, así revela la presencia de Dios en las iglesias atreves de su palabra que son las Sagradas Escrituras y el espíritu de Dios es como el humo de sus oraciones que cubre el lugar santo y llega al lugar santísimo que es el mismísimo cielo.

Cada una de las iglesias, santuarios o templos que llevan el nombre de Dios en los siete continentes representan a Cristo hombre que fue crucificado y a Dios todo poderoso que venció nuestra muerte, la ciudad santa es la novia y la nueva Jerusalén, la iglesia de Dios.

Zacarías 4:[3] *Hay también junto a él dos olivos, uno a la derecha del recipiente, y el otro a la izquierda.»*

Los dos olivos representan a los dos testigos, uno a la izquierda del candelabro y el otro olivo a la derecha, también los dos olivos representan a los dos pilares del templo y revela la llegada de nuestro señor Dios, los dos olivos son los dos muslos del jinete que está sentado en el caballo blanco, los cuales en uno de ellos está escrito este nombre **"Rey de reyes y Señor de señores"**

Gabriel es el testigo fiel que se le dio muerte en la gran ciudad el día viernes, él es el cordero que fue sacrificado por nuestros pecados, pero el cordero es **"Señor de señores y Rey de reyes"** la ciudad santa representa a el cordero pues llevamos su sangre que nos ha blanqueado nuestras ropas de toda culpa, por esta razón en los últimos tiempos nosotros recibimos el pergamino con los sellos para abrir pues vencemos con la sangre del cordero, simplemente está escrito. El día domingo temprano en la mañana en su resurrección Jesús es el principio de la creación, Señor y Mesías.

Miguel es quien se le da muerte en la gran ciudad donde nuestro Señor fue crucificado, esto acontece un miércoles, tres días y tres noches antes de la llegada de Dios, lo cual concluirá en resurrección final el día séptimo y de reposo, pues Jesús es el principio y es el fin, él es el templo en el cielo. La muerte de Miguel es solo el principio de la señal de los tres días y medio antes de la llegada de Dios, los siervos de Dios representan a Jesucristo y miguel es el protector, Gabriel se le dio muerte tres días antes del domingo y a Miguel se le dará muerte tres días antes del sábado.

Cada una de las siete cartas fue escrita como está escrito el alfabeto hebreo. Antes de dar el mensaje, la presentación es primero, como la letra **"A"** pero en este caso en el alfabeto hebreo es **"Alfa"** así mismo quien habla en las cartas es Cristo Jesús, también se representa así mismo como segunda o tercera persona, pero lo escrito es lo que él ha hablado.

Ahora también cada una de las siete cartas fue escrita como en alfabeto hebreo y por esa razón la conclusión de cada carta es como la letra **"Z"** pero en este caso en el alfabeto hebreo es **"Omega"** así mismo en el final de las cartas es Cristo Jesús quien da representaciones refiriéndose a el mismo, como la estrella de la mañana que sabemos que aunque al darnos la estrella de la mañana, se refiere a su llegada al final de los tres días y medio, pues aunque se entiende como representación, es el mismo la estrella de la mañana que nos dará.

La cartas se reconocen para que continente representa cada una de las Iglesias pues las cartas son proféticas, están escritas en simbolismo, pero aunque son fáciles de entender su cumplimiento apocalíptico está basado a cada cual continente que se dirige el mensaje a su respectivos y respectivas oyentes, y entonces vendrá el fin.

Las cartas están escritas en las Santas Escrituras, y nada debe de ser cambiado en ellas, mas como el profeta de Dios "Daniel" interpretaba los Sueños y visiones así ustedes deben de entender el significado, la interpretación es fácil de entender, pero el mensaje es personal para cada miembro de las iglesias en sus debido continente, entendiendo que es para cada uno de los siete continentes separadamente he individual como personal.

AMÉRICA DEL SUR

- ➤ **Éfeso** refiere a: **América del sur.**
- ➤ **Candelabro de oro** refiere a: sus iglesias **(Continente)**
- ➤ **La estrella en la mano de Dios** refiere a: **El mensajero o el ángel de Dios**
- ➤ **Nuestro arrepentimiento es el perdón de todos nuestros pecados frente a Dios.**
- ➤ **El nombre** es: **Jesucristo.**
- ➤ **Jesucristo** es: Nuestro **primer amor** (El primero y el ultimo)
- ➤ **El Espíritu Santo** es: **Nuestro Señor Jesucristo.**
- ➤ **La corona de la vida** representa: **La vida eterna.**
- ➤ **El árbol de la vida** es: **"Jesucristo"** y el paraíso de Dios es "El cielo" el representa vida.

También el día de nuestra resurrección final.

Apocalipsis 1:[1] *»**Escribe al ángel de la iglesia de Éfeso:…***

ÁFRICA

- ➤ **Esmirna** refiere a: **África.**
- ➤ **Candelabro** refiere: La Iglesia **(Continente)**
- ➤ **La estrella en la mano de Dios** refiere a: **El mensajero y el ángel de Dios.**
- ➤ **El primero y el último** refiere: Domingo y sábado.
- ➤ **Quienes dicen ser judíos pero no lo son** refiere a: **Mentirosos.**
- ➤ **Satanás** refiere también a **la serpiente antigua.**
- ➤ **La corona de la vida** refiere a: **Eterna vida.**
- ➤ **La gran guerra de 10 días antes del gran día del Señor.**

Apocalipsis 2:[8] *»**Escribe al ángel de la iglesia de Esmirna:…***

ASIA

- ➤ **Pérgamo** refiere a: **Asia.**
- ➤ **El candelabro de oro** refiere a: Toda Iglesia **(Continente)**
- ➤ **La estrella en la mano de Dios** refiere a: **El mensajero y ángel de Dios.**
- ➤ **Se nombre** es: **Jesús de Nazaret.**
- ➤ **Satanás** refiere también a **la serpiente antigua.**
- ➤ **Esa ciudad** refiere a: **Jerusalén.**
- ➤ **La piedrecita blanca** representa: Jaspe y el nombre de Jesús en principio (domingo 24).
- ➤ **La corona de la vida** refiere a: **Eterna vida.**

Apocalipsis 2: [12] *»Escribe al ángel de la iglesia de Pérgamo:*

EUROPA

- ➤ **Tiatira** representa a: **Europa.**
- ➤ **El candelabro de oro** refiere a: Toda Iglesia **(Continente)**
- ➤ **La estrella en la mano de Dios** refiere a: **El mensajero y ángel de Dios.**
- ➤ **El hijo de Dios es Jesús, el cristo de Dios representando a nosotros.**
- ➤ **Las primeras obras** refiere: **desde el principio.**
- ➤ **La mujer Jezabel** se refiere a: **Jerusalén.**
- ➤ **Cama de sufrimientos** refiere: **la gran inundación de 10 días** sobre la faz de la tierra.
- ➤ **Nuestro arrepentimiento es el perdón de todos nuestros pecados frente a Dios.**
- ➤ **La inmoralidad sexual tiene dos significados: Adulterio e idolatría contra Dios.**
- ➤ **La estrella de la mañana** representa a: **Nuestro Señor Jesucristo.**
- ➤ **Retener con firmeza lo que ya tenemos** es: **la prometida corona de la vida.**
- ➤ Quien busca corazones y mentes es: **Nuestro Señor Dios Todo Poderoso.**

➢ **La corona de la vida** refiere a: **Eterna vida.**

Apocalipsis 2:[18] *»Escribe al ángel de la iglesia de Tiatira:...*

ANTÁRTICA

➢ **Sardis** refiere a: **Antárctica.**
➢ **El candelabro de oro** refiere a: Toda Iglesia **(Continente)**
➢ **La estrella en la mano de Dios** refiere a: **El mensajero y ángel de Dios.**
➢ Arrepentimiento y bautismo en el nombre de Jesucristo es **"Salvación"**
➢ **Nuestro arrepentimiento es el perdón de todos nuestros pecados frente a Dios.**
➢ **Las ropas blancas** refieren los hechos rectos de los santos.
➢ **Recordar lo que se ha recibido y oído** se refiere a: **"La palabra de Dios"**
➢ **La corona de la vida** refiere a: **Eterna vida.**
➢ **El libro de la vida:** Está basado en la sangre del cordero **"Jesucristo"**

Apocalipsis 3:[1] *»Escribe al ángel de la iglesia de Sardis:*

AMÉRICA DEL NORTE

➢ **Filadelfia** representa a: **América del Norte.**
➢ **El candelabro de oro** refiere a: sus Iglesias **(Continente).**
➢ **Mentirosos** se refiere a: **aquellos de la sinagoga de satanás.**
➢ **La estrella en la mano de Dios** refiere a: **El mensajero y ángel de Dios.**
➢ **El primero y el último** refiere a: **Domingo y sábado.**
➢ *David* es: **El mensajero de Filadelfia.**
➢ **Nuestro arrepentimiento** es: **el perdón de nuestros pecados frente a Dios.**

- ➤ **La llave de David** para abrir el temple del Señor: **refiere al día domingo "24".**
- ➤ **La corona de la vida** refiere a: **Eterna vida.**
- ➤ **El pilar del temple de Dios** representa a todos los ciervos del Señor.

AUSTRALIA

- ➤ **Laodicea** representa: **Oceanía**
- ➤ **El candelabro de oro** refiere a: sus Iglesias **(Continente).**
- ➤ **La estrella en la mano de Dios** refiere a: **El mensajero y ángel de Dios.**
- ➤ El **"Amen"** representa a: **Jesucristo de Nazaret.**
- ➤ **El testigo fiel y verdadero es: Jesucristo de Nazaret.**
- ➤ **Frio o caliente** significa: **Bueno o malo.**
- ➤ **La corona de la vida** refiere a: **Eterna vida.**
- ➤ **Nuestro arrepentimiento** es: **el perdón de nuestros pecados frente a Dios.**

Los dos pillares refieren a el testimonio de Jesús en los últimos días, el testimonio final es de **"Tres días y medio"** para estar preparados pues refiere a la llegada de nuestro Señor.

"sé fervoroso y arrepiéntete"

Apocalipsis 3:[14] *»**Escribe al ángel de la iglesia de Laodicea:**

Capítulo 17

LOS 10 DIAS (PRINCIPALES Y FINALES) EL PRIMERO Y EL ÚLTIMO

Es necesario que tengan en mente toda respuesta porque el espíritu que recibimos es la garantía de que todo será como Dios ha dicho y nuestro trabajo en él no es en vano, nuestra recompensa será grande y no es fácil el comprender que desde Abraham hasta Jesucristo y de Jesucristo en resurrección hasta la resurrección total de su pueblo al mando de su voz.

Pero las señales son de gran importancia, esto acontecerá sin marcha atrás y tiene final, el eclipse solar en año nuevo y la luna tornarse roja como de sangre en festividades precisas como recordatorio que es todo por concluir al entender por qué Dios nos pidió no olvidar ni el sábado de descanso final y estas son sus festividades precisas.

Joel 2:[31] *El sol se convertirá en tinieblas*
   y la luna en sangre
antes que llegue el día del Señor,
   día grande y terrible.

Pero antes de que acontezcan las señales en el cielo, el ángel del Señor llegara como Elías pero no como años sino como tres días y medio y llegara como Juan bautista porque llegara como fue en el principio para preparar el camino del señor pero este será el fin, el ángel del Señor será como Miguel enviado por Gabriel y Gabriel es Dios mismo, el ángel del señor será como Job que dio nombres a sus tres hijas las más bellas en todo el país, el ángel del Señor será como Josué guiando a Israel después de tres días de haber partido de Moab para cruzar el Jordán hacia la tierra prometida, el ángel del Señor será como el otro ángel poderoso que lleva consigo el sello del Dios vivo y proclama el fin del ciclo de los eclipses solares con sus cuatro lunas rojas, de las cuales <u>la cuarta luna roja es la señal del hijo del hombre y acontecerá antes del gran y terrible día del Señor Dios todo poderoso,</u> porque así está escrito;

Malaquías 4: [5] *»Estoy por enviarles al profeta Elías* **antes que llegue el día del Señor, día grande y terrible.**

Ahora, la genealogía de Jesús el Mesías está escrita en el libro de Mateo capítulo uno desde Abraham después el rey David hasta Jesucristo, está escrito con literalidad y sin los misterios profundos que encierra el libro de Génesis con la creación del mundo hablando de los diez días en el principio de salvación por el agua como bautismo;

Mateo 1: Tabla genealógica de Jesucristo, hijo de David, **hijo de Abraham:**...

Ahora, en la genealogía del hijo de Dios que está escrita en el libro de Lucas capitulo tres explica la genealogía del hijo de Dios en los cuales están incluidos los hijos de Dios, desde Abraham hasta Jesucristo:

Lucas 3: [23] *Jesús tenía unos treinta años cuando comenzó su ministerio. Era hijo, según se creía, de José, hijo de Elí...* [34] *hijo de Jacob, hijo de Isaac, hijo de Abraham...*

Pero esta es la verdadera razón por la cual Elías llegara antes del gran y terrible día del Señor,

Malaquías 4:[6] **Él hará que los padres se reconcilien con sus hijos y los hijos con sus padres,** *y así no vendré a herir la tierra con destrucción total.»*

ENOC ES EL **DÍA 7** Y **DÍA 62**

La profecía de los 10 días finales es simbolizada en diez patriarcas pero esconde todo secreto de creación de Dios pues la genealogía de los diez patriarcas son los 10 últimos días finales.

Los 7 días de diez días (Abraham hasta Jesús)

Su verdadero significado esta sellado con el número nueve en la edad de los siete patriarcas que representan los siete días de **los 10 días finales.**

En la suma de las siete edades de los siete patriarcas <u>sin contar el número</u> **9** que sella su verdadera interpretación, representa la semana final:

1er día, Adán	**9**_30+
2do día, Set	**9**_12+
3er día, Enós	**9**_05+
4to día, Cainán	**9**_10+
5to día, Malalel	**70** = 8+ **9**_5 = 62
6to día, Jared	**9**_62
7mo día, Enoc	[62 + 3 días = 65]

El simbolismo bíblico es desde Adán y Eva hasta Enoc, pero revela desde Abraham y Sarah hasta Jesucristo en la última cena donde el siendo "El cordero" entrega su sangre y su cuerpo como sacrificio para el perdón de los pecados el séptimo día como 62, pero solo como representación de diez días en principio, ya que también el entendimiento bíblico en simbología revela los diez días pero finales.

Adán representa Abraham y Sarah los cuales simbólicamente es todo hombre y toda mujer creado por Dios, el primer llamado por Dios que en simbolismo bíblico revela el primer día y Enoc representa el <u>séptimo día llamado también el día 62</u> más el día 63, el día 64 y el día 65 es el equivalente a los 10 días finales, <u>el décimo día es llamado el día 65</u>.

Enoc simbólicamente representa la Nueva Jerusalén pues profetiza la llegada de Jesucristo por su iglesia, así como explica que Enoc anduvo fielmente con Dios, el día 65 sin sellos, es cuando Dios se lo lleva a Enoc, así será llevada la novia por el novio, revela el día.

Génesis 5:[23] *En total, Enoc vivió trescientos* **sesenta y cinco** *años* [24] *y como anduvo fielmente con Dios, un día desapareció porque Dios se lo llevó.*

Génesis 5: [24] y como anduvo fielmente con Dios, **un día desapareció porque Dios se lo llevó**.

>>Desde Adán y Eva hasta Enoc es igual a 7 y el 62, más el 63, el 64 y el 65 equivale a los 10 días principales y Finales. <<

1 Adán y Eva / Abraham y Sarah

2 Set
3 Enós
4 Cainán
5 Malalel
6 Jared
7 Enoc 62 / Jesucristo (El Cordero)
....
8 Matusalén 63
9 Lamec 64
10 Noé 65

Octavo día y 63

La profecía de los 10 días finales es simbolizada en diez patriarcas pero esconde todo secreto de creación de Dios pues la genealogía de los diez patriarcas son los 10 últimos días finales pero su simbología era demasiado profunda.

Ahora el octavo patriarca "Matusalén" es el octavo día y esta sellado con el número 7 y los pares que se repiten: en la edad de Matusalén cuando fue padre de Lamec, el 7 está a la derecha y significa que tenía 187 años pero solo cuenta el "8".

Despúes de ser padre de Lamec Matusalén vivió **782** años más, esta vez en su edad el numero 7 está a la izquierda lo cual significa que solo cuenta el número "8" y representa el octavo día, el sello final que cubre todo su verdadero significado es la edad completa que vivió Matusalén **969**, cuando dice que Matusalén murió, representa el octavo día que termina.

Matusalén en simbolismo es el octavo patriarca pero sin sellos representa **el octavo día y 63**. En simbolismo Matusalén nació cuando su padre Enoc tenía 65 años y sin sellos representa al día decimo y 65 que en simbolismo es Noé y su esposa con sus tres hijos.

Es decir que así como desde Adán y Eva hasta Enoc "el séptimo patriarca" así también desde Noé y su esposa hasta Matusalén "el octavo patriarca" y Matusalén siendo parte de los días: 62, el 63, el 64 y el 65, también representa el séptimo.

>>Desde Noé y su esposa hasta Matusalén es igual a 7 más sus 3 hijos que son Sem, Cam y Jafet es el equivalente a 10 días. <<

1 Noé y su esposa / Abraham y Sarah
2 Set
3 Enós
4 Cainán
5 Malalel
6 Jared
7 Enoc 62 / Jesucristo (El Cordero)
....
8 Matusalén 63
9 Lamec 64
10 Noé 65

Noveno día y 64

Ahora el noveno patriarca "Lamec" es el noveno día y esta sellado con los números como el número 7 que se repite a los lados del octavo día, solo que esta vez son pares en la edad en que Lamec se fue padre de Noé.

Lamec tenía **595** años cuando fue padre de Noé, el número 5 siendo pares a la derecha y a la izquierda del número 9 revelan el noveno día así como lo están el número 7 a la derecha y la izquierda del número 8 que revela el orden de las 10 días finales, el sello final que cubre todo su verdadero significado es la edad completa que vivió Lamec 777, cuando dice que Lamec murió significa que el noveno día termino.

Lamec en simbolismo es el noveno patriarca pero sin sellos representa **el noveno día y 64**. En simbolismo Lamec sin sellos representa Sem y su esposa con sus tres hijos.

Es decir que así como desde Adán y Eva hasta Enoc "el séptimo patriarca" así también desde la genealogía de Sem que termina en Téraj y sus tres hijos: Abram Najor y Jarán, hasta Lamec "el noveno patriarca" y Lamec siendo parte de los días: 62, el 63, el 64 y el 65, también representa el séptimo.

Pero La genealogía del simbolismo que representa Sem es un poco complicada de explicar, pero no imposible de entender y a decir verdad difícil no lo es, una vez que se entienden los diez días principales y los diez días finales, la unción te muestra que son sellos, símbolos y las representaciones son muchas para repetidas señales que dan a conocer el designio secreto del amor y plan de Dios.

Génesis 11: [10] *Ésta es la historia de* **Sem:**

Dos años después del diluvio, cuando Sem tenía **cien** *años, nació su hijo Arfaxad.* [11] *Después del nacimiento de Arfaxad, Sem vivió quinientos años más, y tuvo otros hijos y otras hijas.*

. . . .

Génesis 11:[12] *Cuando Arfaxad tenía* **treinta y cinco años,** *nació su hijo Selaj.* [13] *Después del nacimiento de Selaj, Arfaxad vivió* **cuatrocientos-tres años_más,** *y tuvo otros hijos y otras hijas.*

Génesis 11:[14] *Cuando Selaj tenía* **treinta años,** *nació su hijo Éber.* [15] *Después del nacimiento de Éber, Selaj vivió* **cuatrocientos-tres años más,** *y tuvo otros hijos y otras hijas.*

Génesis 11:[16] *Cuando Éber tenía* **treinta y cuatro años,** *nació su hijo Péleg.* [17] *Después del nacimiento de Péleg, Éber vivió* **cuatrocientos-treinta años más,** *y tuvo otros hijos y otras hijas.*

Génesis 11:[18] *Cuando Péleg tenía* **treinta años,** *nació su hijo Reú.* [19] *Después del nacimiento de Reú, Péleg vivió* **doscientos-nueve años más,** *y tuvo otros hijos y otras hijas.*

Génesis 11:[20] *Cuando Reú tenía* **treinta y dos años,** *nació su hijo Serug.* [21] *Después del nacimiento de Serug, Reú vivió* **doscientos-siete años más,** *y tuvo otros hijos y otras hijas.*

Génesis 11:[22] *Cuando Serug tenía* **treinta años,** *nació su hijo Najor.* [23] *Después del nacimiento de Najor, Serug vivió* **doscientos años más,** *y tuvo otros hijos y otras hijas.*

Génesis 11:[24] *Cuando Najor tenía* **veintinueve años,** *nació su hijo Téraj.* [25] *Después del nacimiento de Téraj, Najor vivió* **ciento diecinueve-años más,** *y tuvo otros hijos y otras hijas.*

Hay tres formas de descifrar este orden donde se esconde la revelación de diez días, **La primera forma** es en la genealogía de Sem, los años en los que sus hijos se convierten en padres están conformados en una cronología de siete pares de números y solo se encuentran tres pares de números y su lectura es reversa y continuo correcto pero sin su orden cronológico:

"**35**, 30, 34, 30, 32, **30**, **29**".

Este es el correcto orden: "**29**, **30**, 31, 32, 33, 34 y **35**" representa los siete días en su primer representativo.

Hay tres formas de descifrar este orden donde se esconde la revelación de diez días, **La segunda forma** es en la genealogía de Sem pero los años en los que sus hijos viven en totalidad y está conformado en siete de cientos:

"**403**, 403, 430, 209, 207,200, **119**"

El primer número de los tres números en cada ciento de las siete edades totales de los hijos de Sem esconden el verdadero orden cronológico pero de igual forma se cuentan los siete cientos y su lectura es reversa y pero sin su orden cronológico correcto. Este es su correcto orden sin contar más que los cientos: "100, 200, 300, 400, 500, 600, 700" también representan los 10 días en su segundo representativo.

En **la tercera forma** de descifrar los diez días está en la continuación de los cientos que son las edades que vivieron los siete hijos de Sem (En genealogía), pero esta vez solo se cuentan los pares sin los cientos:

"403, 403, 430, 209, 207, 200, 119"

Se suman y la respuesta es; "03+03+30+09+00+19**=71**" representan los 7 días pero con sus 3 formas de descifrarlos son los 10 días. Pero el resultado final es "71" porque así como el 7 representa desde Adán y Eva hasta Enoc el séptimo, también el séptimo día representa a Téraj, Téraj tenía 70 años y de los 71 Téraj es el "7" porque el "1" o mejor escrito "El PIMER HOMBRE LLAMADO POR DIOS" es Abraham.

Génesis 11:[26] *Cuando Téraj tenía* **setenta** *años, ya habían nacido sus hijos* **Abram,** *Najor y Jarán…*

>>*Desde Adán y Eva hasta Enoc el séptimo patriarca como el séptimo día, así mismo desde Sem (en genealogía) hasta* **Téraj el séptimo día** *con sus tres hijos;* **Abram,** *Najor y Jarán, es el equivalente a los diez días principales y diez días finales.* <<

1 Sem (por genealogía) / Abraham y Sarah
2 Set
3 Enós
4 Cainán
5 Malalel
6 Jared
7 Enoc 62 / Jesucristo (El Cordero)
8 Matusalén 63
9 Lamec 64
10 Noé 65

Décimo día y 65 "La Conclusión Literal"

Noé es el décimo patriarca y es simbolismo, en su historia profética y bíblica en las santas escrituras se encuentran sellos que cubren su verdadero significado **"Los 10 días de Guerra"** se repiten pero en simbolismo como principio de la creación y fin de la creación.

"El Primero" Del primer Abraham
"El ultimo" al séptimo Jesucristo

Apocalipsis 1: [17] *Al verlo, caí a sus pies como muerto; pero él, poniendo su mano derecha sobre mí, me dijo: «No tengas miedo.* **Yo soy el Primero y el Último.**

El siete representa desde Adán y Eva hasta Enoc el séptimo patriarca, pero siendo simbolismo representando días. En conclusión el "7" representa desde (Adán) Abraham y su esposa Sarah hasta Jesucristo en la última cena con sus doce apóstoles que fue en pascua, día Jueves y séptimo día en profecía, Jesucristo es el primero; desde Abraham y Sarah su esposa hasta la última cena del cordero, por esto el cordero representa siete espíritus de Dios que son los primeros siete días de diez antes del principio de la creación que fue en la resurrección de Jesús nuestro Señor y Dios.

1 Abraham y Sarah
2 Set
3 Enós
4 Cainán
5 Malalel
6 Jared
(21) 7 Jesucristo (La ultima cena de Cordero, sangre y carne de salvación) **62**

----

(22) 8 Matusalén (Crucifixión de Jesucristo) **63**
(23) 9 Lamec (día sábado santo) **64**
(24) 10 Noé (La resurrección de Jesús) 65

Desde el octavo día (con el símbolo de matusalén) al sufrir la crucifixión en el madero como primer día de los tres para al tercer día en resurrección, que fue en el primer día de creación domingo (en símbolo de Noé).

Apocalipsis 22: [13] *Yo soy el Alfa y la Omega, el* **Primero y el Último,** *el Principio y el Fin.*

Capítulo Final 18

(Capítulo Final)
"EL PRINCIPIO Y EL FIN"

Apocalipsis 1:[18] *y el que vive.* **Estuve muerto,** *pero ahora vivo por los siglos de los siglos, y tengo las llaves de la muerte y del infierno.*

Abraham fue el primer llamado por Dios todopoderoso, mas antes su nombre era Abram, y el padre de Abram se llamaba Téraj, ahora Téraj salió de Ur de los caldeos rumbo a Canaán. Se fue con su hijo Abram, su nieto Lot y su nuera Saray, la esposa de Abram. Sin embargo, al llegar a la ciudad de Jarán, se quedaron a vivir en aquel lugar, [32] y allí mismo murió Téraj a los doscientos años de edad.

Dios al llamarlo le cambio el nombre de Abram lo llamo Abraham y a su esposa de Saray le llamo Sara, en simbolismo son llamados "Adán" cuando Dios comenzó la creación creo al ser humano, hombre y mujer los creo, fue antes de que Dios mandara lluvia pues no había nadie quien trabajara la tierra, es decir antes de la creación del mundo y se le llama bíblicamente "La fundación del mundo" pues le sigue el principio en Domingo y concluye con el final del viernes para descanso eterno en resurrección el día "Shabbat"

Isaías 51:[2] *Miren a Abraham su padre, y a Sara su madre, que los dio a luz,* **Cuando yo lo llame, él era solo uno,** *pero lo bendije y lo multipliqué.*

CALENDARIO UNIVERSAL
"De Domingo **a** Viernes **y el Shabbat (Descanso)"**

Desde **Abraham, Jesucristo** es Señor de señores en la ultima cena:

Abraham						Gabriel			
						Enoc	Matusalém	Lamec	Noé
Adán	Set	Enós	Cainán	Malael	Jared	Jue	Vie	Sáb	Dom
						Pascua Noche	1er	2do	3er
						21	22	23	24

Desde: El Principio del día Domingo
Asta: El Fin del día Viernes

Jesucristo en resurrection es nuestro Rey y nosotros seremos sus Reyes sobre la tierra, significa reinado de vida eterna 144,000 = un día

						Miguel				
Mie	Jue	Vie	Sab	Dom	Lun	Mar	Mie	Jue	Vie	Shabbat (Descanso)
					Día		1er	2do	3er	
				Tabernaculos Noche		62	63	64	65	

Apocalipsis 22: [13] *Yo soy el Alfa y la Omega, el Primero y el Último, el **Principio y el Fin.***

LOS ULTIMOS "10 DÍAS" EN SIMBOLISMO

La festividad de los tabernáculos es un mandato de Dios mismo de recordar en calendario lunar cuando Dios libero al pueblo de Israel de la esclavitud en Egipto, pero el recordatorio es el mandato de Dios el salir de Egipto en botas, pues Dios abrió el mar rojo pero las botas eran necesarias para cruzar con pies secos, y es un recordatorio de como Dios libero, sano y guio a el pueblo de Israel hacia la tierra prometida por medio de moisés, la edad de Moisés es de suma importancia junto con el liderazgo de los 3 días de Josué después de treinta días de la muerte de Moisés antes de cruzar el Jordán al salir de Moab pues revela los 10 últimos días.

Génesis 6:[3] *Pero el SEÑOR dijo: «Mi espíritu no permanecerá en el ser humano para siempre, porque no es más que un simple mortal; **por eso vivirá solamente ciento veinte años.**»*

También en el Libro de apocalipsis se menciona la edad que Dios le dio al ser humano para vivir de 120 años representa los años que vivió Moisés y ya que solo su edad representa 7 días 30 días después de que murió Josué camino frente al pueblo de Israel para cruzar el Jordán y así entrar a la tierra prometida, 3 días antes de que el pueblo de Israel entrara a la tierra prometida después de salir de Egipto y cruzar el mar rojo, así son los 10 días revelados en simbolismo, los mismos de la gran guerra antes del fin, pues se repite la misma situación, las 12 tribus de Israel cruzan los primeros siete días de los 10 finales como con Moisés, y los últimos tres días y medio que Josué encamino a Las 12 tribus de Israel para finalmente entrar a la tierra prometida que es el día de descanso donde está el paraíso de Dios. Pero en literalidad al final de los últimos 10 días con sus noches el entrar a la tierra prometida y posesión eterna será solo en resurrección final.

Moisés 120 años de edad representa **7 días**;

Deuteronomio 31: De nuevo habló Moisés a todo el pueblo de Israel, y les dijo: [2] *«**Ya tengo ciento veinte años de edad, y no puedo seguir siendo su líder.** Además, el SEÑOR me ha dicho que no voy a cruzar el Jordán,*

También revela la razón del castigo hacia los ángeles del cielo de parte de Dios Todopoderoso entre rebeliones y negaciones los **120 años** de el hombre creado por Dios vivirá pero en días, **7 días**;

Deuteronomio 32: [51] *Esto será así porque, a la vista de todos los israelitas, ustedes dos me fueron infieles en las aguas de Meribá Cades; en el desierto de Zin no honraron mi santidad.* [52] ***Por eso no entrarás en el territorio que voy a darle al pueblo de Israel; solamente podrás verlo de lejos.»***

Y ya por ultimo después de la edad de Moisés, su muerte y los treinta días que duraron en Moab antes de salir a cruzar el Jordán Dios ordeno a Josué siendo un ciervo de Moisés, junto con el pueblo de Israel, a salir de Moab y para cruzar el Jordán y así tomar posesión de la tierra prometida como se lo prometió a moisés, Josué representan los **3 días** con sus noches;

Josué 1: [10] *Entonces Josué dio la siguiente orden a los jefes del pueblo:* [11] *«Vayan por todo el campamento y díganle al pueblo que prepare provisiones, porque dentro de* **tres días** *cruzará el río Jordán* **para tomar posesión del territorio que Dios el <u>Señor</u> le da como herencia.»**

Verán, la sangre del cordero que se puso en los marcos de las casa para que en Egipto no llegara la muerte a el pueblo de Israel como plaga sobre el duro corazón del faraón, a este acontecimiento Dios lo ordeno recordar como festividad basándose a el calendario lunar, cuando YHWH libero a Israel de la esclavitud en Egipto, y se le conoce como **"Pascua"**. Su revelación final son cuatro días antes del principio cuando Jesucristo tuvo la última cena con sus doce apóstoles, el vino como su sangre y el pan como su cuerpo y así comienzo el 'Nuevo pacto de Dios' este acontecimiento tomo lugar en "Pascua" primero la noche y el día que fue crucificado.

Y por último, (luna llena). **La fiesta de los tabernáculos** también conocida como 'Sukot' que representa "botas" es cuando Dios todo poderoso ordeno a el pueblo de Israel por medio de moisés a salir de Egipto con botas, ya que el abrió el mar rojo pero las botas eran necesarias para pasar de prisa y con pies secos, Dios todo poderos también ordeno a que se recordara este acontecimiento como festividad basándose en el calendario lunar y fue cuando Dios libero a el pueblo de Israel de las manos del faraón "La fiesta de los tabernáculos" Revela la cosecha de la tierra que es en cuatro meses pero antes del fin son revelados como los cuatro días antes del regreso de Jesucristo, su representación en los días de la fiesta de los tabernáculos tiene su significado, así como el cordero cuatro días antes del principio de la creación (principio de Domingo), y se repite este acontecimiento de la misma forma pero esta vez será cuatro días antes del fin de la creación (fin de viernes) así el sábado será el sábado santo que en hebreo es "Shabbat" y significa 'descanso' y así revela el fin de la creación y el principio de eternidad sin fin (era mesiánica), la preparación será inmediata.

Los 10 días en el libro del profeta

de Dios: "El libro de Job"

En el libro de apocalipsis de la gran inundación se encuentran los diez días de la gran guerra antes del fin como del día 17 al día 27 ya que son 10 días de diferencia.

También en el libro de Job se explica los diez días en simbolismo similar, **desde sus 7 hijos y 3 hijas** (A la primera de ellas le puso por nombre Paloma, a la segunda la llamó Canela, **y a la tercera, Linda.**) que revelando representan los 10 últimos días antes del fin.

Job 4: [13] *Además dio a Job otros siete hijos y tres hijas.* [14] *Llamó a su primera hija Jemima, a la segunda Cesia **y a la tercera Keren-hapuc.*** [15] *En toda la tierra no había mujeres tan bellas como las hijas de Job, y su padre les dejó una herencia en su testamento junto con sus hermanos.*

Así como los 7 banquetes de los cumpleaños de sus hijos celebrados en sus casas invitando a sus 3 hermanas representan los 10 días también.

Así como los 10 holocaustos que Job ofrecía para el perdón de cualquier pecado que sus 7 hijos y 3 hijas pudiesen haber cometido en su corazón de Dios.

En el libro de Job por consiguiente el hijo mayor de Job representa el 1er día de los diez últimos. Los 7 días con sus noches que los amigos de Job le acompañaban sentándose en el suelo con él para darle sus condolencias y los amigos de Job representan los últimos 3 días y una noche de la creación y en creación terminando a su vez los últimos 10 días en **"viernes".** Sus amigos eran Elifaz de Temán, Bildad de Súah, y Zofar de Namat.

Job 32:[1] *Al ver los **tres amigos de Job** que éste se consideraba un hombre recto, dejaron de responderle.*

Eliú hijo de Baraquel de Buz, de la familia de Ram, representa el día Sábado que en profecía es el día de descanso en la creación, es por esto que cuando los tres amigos de Job dejan de responderle de igual manera los 3 días y una noche **(sus tres amigos)** se terminan, y entonces comienza el sábado (Eliú) es cuando Dios aparece de entre una tormenta de nubes y representa la llegada de Jesucristo, pues al responderle Eliú a Job simbólicamente representa Dios respondiendo a sus siervos.

Job 32:² Pero Eliú hijo de Baraquel de Buz, se enojó mucho con Job porque, en vez de justificar a Dios, se había justificado a sí mismo.

Nueva Jerusalén 144,000

"Fue un honor servirte, nos casaremos de lino blanco, viviremos en la casa de nuestro Dios, nos mudaremos hacia una nueva Ciudad de luz eterna y este dolor pasara, ya lo veras, serás libre, seré libre y todo será nuevo con la bendición, protección y presencia de Dios mismo, cree porque así será.

Hay un lugar y quiero que estés ahí, un lugar, ahí donde todo sueño se cumple, el lugar donde está el paraíso de Dios, Dios creo el paraíso, su paraíso es el cielo y así existe un lugar donde vivirás eternamente feliz, es promesa de Dios escrita, esta al final del día donde el principio llega a su fin y la eternidad comienza se respirara el aliento de vida que Dios mismo mandara al refrescarse el día, así esa mañana muy de temprano tus ojos al mirar a nuestro salvador en el cielo abierto verán la Luz y al vestirte de blanco te vestirás de ella, así brillaras como las estrellas del cielo, por siempre y siempre, por amor a Dios y por el amor que hay en ti de parte de él, amen.

Me he preparado pues nací para guiar y morir por su amor y renací para siempre vivir y proteger la nueva Jerusalén en el nombre de Dios ¿quién es capaz de decir que esto no es verdad? Tan cierto como Dios mismo me mando y he hecho una corona para mí al materializar mi fe y así mismo les he dado la Victoria, aquella que Dios les manda con un siervo fiel, que honor de ser su príncipe protector, solo me importa que estarás bien y mi dolor no será para siempre, ¿lo ves? No te preocupes por mí, estaré bien, todo estará bien, perdóname si cuando tuve que decidir entre quedarme o hirme decidí hirme, simplemente quería que no sufrieras el peso de esta responsabilidad que me corresponde llevar en el hombro más mi corazón descansa en paz pues sabe que estas bien, no, no lo entenderías, solo sepas que eres importante para mí y mucho. No, no te preocupes por mí, yo estaré bien, es necesario que uno lo haga, es necesario que yo pase todo esto, es necesario que te amé así y con valor, que esto no te dañe, que esto te sane, en el nombre de Jesucristo el amor vencerá, así sea.

.....

CANTAR DE CANTARES

1Juan 4: [8] *El que no ama no conoce a Dios,* **porque Dios es amor.**

Los canticos en el libro bíblico de Salomón las santas escrituras "Cantar de cantares" Su interpretación bíblica tiene un significado profético, basado a una historia de amor, historia que cada uno de nosotros formamos parte tanto independientemente en creación literal; hombre y mujer, como espiritual; Dios y su iglesia, y así en el debido lenguaje espiritual y literal será el verdadero amor revelado en eternidad, así como fue desde el principio de la creación hasta el fin de esta era, Dios es sobre todas las cosas, único porque Dios es amor "Jesucristo".

Las jóvenes de Jerusalén

Cantares 6: [13] **Vuelve, vuelve** *a nosotras, oh doncella de Sulam.*
Regresa, regresa, *para que te veamos otra vez.*

Este es el significado de las palabras de Dios y me tienen hasta hoy nacido para guiar y renacido para morir en su nombre, es mi testimonio, aquel que Dios me dio simbólicamente, pero para descifrarlo tenía que conocer la verdad, esa verdad está escrita en todo libro de las Sagradas escrituras de Dios Todopoderoso, y la verdad es Dios, y su nuevo nombre es Jesús, nuestro único Dios y único salvador, fuera de él no hay nadie y no hay otro nombre dado a los hombres para ser salvos en bautizo así como en arrepentimiento, para entenderlo tuve que pasar por ese fuego y así soy salvo en mi arrepentimiento y bautizo, esto acontece en nuestras vidas por su nombre "Jesucristo" aprender a amar en su nombre fue increíblemente un deleite el amar de verdad pero lleno de dolor por ser santo el mensaje divino en mi destino echo por Dios.

Los Dos Pillares del Templo de Dios

Ahora tengo a Dios por testigo, y él vive en ustedes, yo represento un pillar como el fin pero solo él es digno de gloria, yo soy un ciervo como todos mis hermanos y hermanas en Cristo Jesús, el proteger a 'La Nueva Jerusalén' con el mensaje divino es el mandamiento que no debía fallar en cumplir, no es solo mi testimonio, yo solo soy un testigo y testifico jurando con el pequeño rollo en mi mano ya sin sellos y en el nombre de Jesucristo que no habrá más tiempo y solo serán tres días y una noche antes del Fin (esto es necesario para que se cumpla lo que está escrito en el libro del apocalipsis) Y testifico que a pesar de las leyes de este mundo, solo Dios es verdadero, tengo a Dios por testigo y él vive en ustedes como en mí, somos sus dos pillares de su templo (su cuerpo) **"Esto es por el principio y el fin"** y es el nuevo nombre de nuestro Dios y Señor, así como este libro es **un harpa** que Dios mismo ha ordenado que se les entregue para cantar este nuevo cantico de revelación y revela el nombre de nuestro santo Padre Celestial **"Jesús"** porque el renuncio a su trono en la tierra y al morir por amor a nosotros demostró ser digno, este es el nuevo cantico en su resurrección, **"EL CORDERO ES DIGNO"** y lo será por los siglos de los siglos, amen.

…Yo estaba solo mirando hacia el cielo y hablando con nuestro señor Jesucristo, esa misma noche tuve una experiencia espiritual, el Espíritu Santo llegó sobre mí, yo me encontré repentinamente regocijando de su Gloria mirando al cielo yo sentí su voz que salía de mi pecho (sin sonido) las palabras salían conforme los latidos de mi Corazón, y sin ningún sonido sentí la voz de Dios que salía de mi pecho diciendo, "Regresa, regresa, regresa, regresa" estas palabras salían repetidamente con los latidos de mi corazón en mi pecho, no era sonido, las palabras salían de mi pecho, sentía las palabras, yo trate de hablar pero no termine mis palabras cuando me derribo al suelo la falta total de fuerza por lo que sentía, mientras yo estaba en el suelo de rodillas sin poder levantar la cabeza escuche repetidamente la voz de Dios diciendo la misma palabra cuatro veces, "Regresa, regresa, regresa, regresa" me di por vencido y con el gozo que sentía yo no soportaba, y respondí que regresaría…

Gabriel

(Fiel y verdadero) (León y cordero, última cena jueves)

"Regresa 21 Jueves, **regresa** 22 Viernes, **regresa**
23 Sábado**, regresa** 24 Domingo**"**

Miguel

(Comienzo de los tres días y una noche en vela)

"Regresa 62 Jueves, **regresa** 63 Miércoles,
regresa 64 Jueves, **regresa** 65 Viernes**"**

No tengas miedo, no temas, ni desmayes, sobre todas las cosas espera en Dios, el da vidas a cambio de ti, dio su sangre para tu salvación, se fuerte, el Señor nuestro Dios está, estuvo y estará con nosotros, el no dejara que tu pie resbale, no dejara que seas condenado pues para esto él te manda a ser fuerte y valiente, ángeles poderosos te rodean y te protegen de Satanás y sus ángeles, de la bestia de siete cabezas y diez cuernos, hasta la muerte tendrá muerte con la mirada de sus ojos, ángeles poderosos te protegerán hasta el fin en el camino correcto porque él lo ha mandado así y el mismo vera por ti, por amor a su nombre no debes de entristecer, pues el cumplirá cada promesa que el pronuncio por amor a ti y a todo su santo pueblo. La corona representa vida eterna, solo él nos la dará.

Que el amor de Dios se revele en ustedes y así no plaga les haga daño en su amor y eterna compasión, en tu frente esta aquel que nos mostró el verdadero amor, algo que no puede ni tiene que ser malinterpretado por mentes sin completo conocimiento bíblico y sin amor a su palabra, su nombre revela el alfa y el omega, el principio y el fin. Tampoco puede ni debe de ser manipulada la escritura por personas avaras sin el amor suficiente para dar si es posible hasta sus vidas por amor a nuestros seres queridos que es nuestra santa familia en totalidad. La revelación del espíritu creador, cuando la palabra se hizo carne y cuando regresara con gran poder y gloria, así todo ojo lo vera y lo reconocerá como:

"REY DE REYES Y SEÑOR DE SEÑORES"

Porque su nombre está en nuestro corazón y en nuestra mente como uno solo (Jesucristo), así al nombre de **"Jesús"** toda rodilla se doblara, pues él es nuestro Dios y Señor, lo fue y lo será por los siglos de los siglos, amen.

Prepárense todos en arrepentimiento de pecados para no ser condenados, vístanse de blanco sus ropas con el bautismo de agua santa en el nombre de **"Jesucristo"** que representa la sangre del cordero que nos limpia de toda falta, no hay otra forma para ser salvo, así en simbolismo se descubre como entrar al arca de Noé, como entrar al templo de Dios y la ciudad Santa, el comer del fruto del árbol de la vida y tomar del mana escondido de la vida, solo así nuestro nombre está escrito en el libro de la vida, el libro del cordero que es también Dios todo poderoso, he aquí el nuevo nombre de Dios, estén listos en bautismo, ya no queda mucho tiempo y estas son las buenas nuevas, en el nombre de Jesucristo, yo llamado por el mismo, yo David, proclamo que he cumplido en entregarles el harpa en sus manos y es el librito pequeño y haberío, como el me lo había ordenado, así lo he hecho y lo hare por amor a su nombre hasta el fin con el único propósito de protegerlos como él lo ha ordenado desde antes del principio de la creación del mundo, su creación, al Cordero sea la gloria y la honra por los siglos de los siglos, amen.

Apocalipsis 22: [20] *El que da testimonio de estas cosas, dice:*

> ***«Sí, vengo pronto.»***

> *Amén.* ***¡Ven, Señor Jesús!***

> [21] ***Que la gracia del Señor Jesús sea con todos. Amén.***